潘宗光教授著

心經与現代管理

金庸閑書

复旦大学
出版社

目　录

重印缘起

《心经与现代管理》一书的繁体字初版于 1998 年在香港付梓,简体字版于 2004 年在内地出版,并已于 2015 年售罄。有朋友因买不到此书感到婉惜,向我查询会否安排重印出版。

回想廿多年前我编写此类书籍的时候学佛日子尚浅,有感于传统解说佛学的方式往往偏重名相,欠缺生活上的应用,便构思撰写一些帮助初学佛者了解《心经》的书,重点在于如何将经文的智慧应用于生活上的各个层面。先于 1998 年出版《心经与生活智慧》,内容以显浅文字及生活例子阐释佛教的基本义理,并指出修行应要关注的范畴。再于 2004 年完成了《心经与现代管理》,内容主要分享我当年担任香港理工大学校长时,如何透过《心经》的智慧提升大学管理成效。

　　30年来不断学佛和修持加深了我对《心经》的体会，但我未忘初心，希望继续以文字与有缘人分享佛理的奥妙。是次重印本书，我保留原作的风貌，只略作文字上的润饰，再跟大家结缘。

　　希望将来有缘能与广大佛友再分享我对《心经》要义及其他更深层次的领会。这次重印，我衷心感谢各界读者的鼓励，更感恩上海复旦大学出版社的帮助，玉成此事，本人谨此表达谢意。

二〇二二年七月于香港

序

觉光法师

佛陀以一大事因缘,示现于世,说法度众,以人为本,教理法语结集成经典,历万劫而长存,千载而常新,饶益有情的真理超越任何时空的限制。佛法在世间,不离世间觉。人们都希望能生活于心无罣碍的空间,《心经》为此提供了达致这一境界的理论和方法。潘宗光校长在其《心经与生活智慧》中,以配合时代的语言文字,作出条理分析的解说,使人更容易深入了解经义,因而积极行持,获得法益。

现代人类生活质素要求复杂,怎样在心(精神)与物(物质)之间取得平衡,使之相互补足,现代管理学无疑是一个值得探讨的课题。佛法是"治心之学",《心经》更是能表诠这一重大义理的极致经典。佛法是解行相应的,潘校长的新著《心经与现代管理》,除了引导读者正确理解佛法外,还以身居高等学术机构最高管理层的经验,提供了极专业的个案实例,启发读者灵活将佛学应用在实际的管理工作中，体现佛陀倡导利己利人的精神。

　　潘宗光校长世间学养湛深，成就非凡；出世间法，智慧明了；以著述弘法，自觉觉他，本人乐为序赞叹。

二〇〇四年五月于香港香海正觉莲社

序

星云大师

　　《大般若经》是大乘教法中阐扬空观思想的大部头经典，《般若心经》则是含赅六百卷《大般若经》精要的心髓；可以说只要读通读透《般若心经》，就能具体而微地了悟整个般若思想。因此，历代为此经注疏者极多，坊间亦可见不少注解、讲说的相关著作。

　　潘宗光校长的《心经与生活智慧》，是其中别具特色的一种。一九九八年初次出版之后，经过五六年，潘先生阅历更丰富，思想更臻成熟，对《心经》的见解和体悟也更上一层楼了。

　　这本《心经与现代管理》的最大特点，是将《心经》的空观彻底运用在企业管理上面。书中指出，一般管理往往只注重物质上的、可量度的成效，而忽略了精神上的、不可量度的力量，其实后者对事业的影响更深更远。《心经》的智慧正好能弥补现代管理学这方面的不足，它使我们在管理

事业的同时,也能兼顾精神的管理;在提升财富和名誉的同时,也能提升心灵的境界。

诸法空相,企业运作的种种现象也都是因缘和合。"色即是空"的智慧,使我们能了解自己的条件和外在的环境因素,进而提高企业机构的经营效率。"空即是色"的慈悲,则使我们通过帮助同事、顾客甚至对手,来提升整体的产品品质和服务素质。这种帮助、改善他人所得到的利益,最后总会回报至自己的企业,而达到自利利他的成效。

本书同时引用现代管理学的一些理论和案例分析,来证明智慧和慈悲均是企业成功不可或缺的元素。另外，潘教授更以个人体验来介绍一些实修的经验与方法，如慈心禅、宣隆内观禅、六波罗蜜等，不独使读者对佛法有概念上的理解，还有助于实际的修持。

一九九七年十一月，我曾应潘校长之邀，至香港理工大学作一场佛学讲座。及后我多番到港，他也诚恳谦虚地前来请教我佛学相关问题。潘校长平日除统理校务，更热心社会公益，积极参与佛教发展工作，此举与我提倡的人间佛教理念不谋而合。

感于他能将佛学理论应用在生活实践中；如此的解行并重，实属难能可贵。今既索序于我，遂欣然为序。

星云

二〇〇四年五月于台湾佛光山

序

净慧法师

《心经》是整个大乘佛教的心要，也是般若思想的中心，全文短短二百六十个字，是所有佛经中文字最精炼、组织最严密、内容最丰富的一部经典，我们如能由此而深究佛法，了解"空"义，信受奉行，就可离却烦恼，得大自在。

古代圣贤大力推崇的修性为政之道，均以治"心"为要，究其义则仅为佛法之沧海一粟。潘宗光先生以切身之体验，通达《心经》之内涵，激昂文字，演扬妙法，继《心经与生活智慧》《佛教与人生》之后又著本书，将《心经》的佛法大义渗入到现代管理学中，精神与物质并重，修行与工作相辅相成，各得其妙，其文言简意赅、条理井然，甚合快节奏、高效率的现代人阅读。

在现代人眼中，佛法只能净化心灵而无实际运用之用。然佛法圆融，八万四千法门涵盖一切领域，佛法讲"一念改变世界"，现代流行"只有想不到，没有做不到"，究其

根源,世间万物"一切唯心造"。佛教由引导人心向善、向上而发展创造,提倡自他两利,彼此和谐共存,持续推进,故知佛教是积极圆融、觉悟慈悲的宗教。爱因斯坦曾说,如果说有一门宗教可以最好地解释科学,那么它一定是佛教。潘先生以科学家、教育家之身份深研佛法,融修行于生活,提升生活品质。在极度兴盛的MBA(工商行政管理学)略现危端之际,用科学和哲学的理念诠释佛法,以其丰富的实际经验和深邃的佛学理论,强调"心"在管理学中的主导地位,根据"种因、创缘、得果"的缘起法,对管理学的现象与本质进行抽丝剥茧的逐层分析,由观"空"而"无我",进而行"六度"、"四摄"等菩萨行,最后回归"空"的真如本性,将个人之"我"融入大众之"他",从而达到自他双利、"物""心"平衡的管理目标,通过佛法使生硬的管理工作技巧更加人性化和艺术化,以净化人心而促进社会发展,其理小以治人,大以治国,令人叹服。

潘先生在书中多次强调管理要以"种善因、创善缘、得善果"为理念,从而达致管理工作的良性互动,优势互补,为现代管理学注入佛教文化的理念,立意极新。本人在从事佛教寺院管理工作时,坚持以觉悟人生("色即是空"的大智慧)、奉献人生("空即是色"的大慈悲)为宗旨,引导大众融入社会、关怀社会、奉献社会,净化人心;以"大众认同,大众参与,大众成就,大众分享"的理念,在待人接物中落实"自觉、自由、自在"和"感恩、分享、结缘"的原则,将佛陀智慧与慈悲精神融入工作与生活中。潘先生也在书中处处透露着"感恩、分享、结缘"的思想。我们要学会感恩,对所有的人(包括伤害过我的人)都要存感恩之意,以感恩之心分享事业的成功和精神的喜悦,善待周围的一切人与事,为工作与生活创造有利条件,实现"我为人人,人人为我"的目标,如此良性互动,持续推进,人人均得安乐。即便有往昔的"恶因",由于"善缘"成就,"恶因"的"现行"便可减弱以至消失,跳出"种恶因、创恶缘、得恶果"的恶性循环怪圈。

佛法不仅仅是知识,是学问,更是实践之道。我一贯提倡正见与实证结合、修行与生活不离的修行方法,主张大众在生活中修行,在修行中生活,以此觉悟人生、奉献人生。潘先生多年来身体力行,将佛法深入细化到具体的日常工作当中,并以苦口婆心之教诲、牖世济人之诚心,著书立说,在纷繁复杂的社会管理关系网络中,为世人指引一条离苦得乐的究竟之道,其文可表,其意堪嘉。

读者如能细细品味本书,切实体会潘先生著书宏法的苦心,顿悟般若大意,时时"活在当下,保持觉醒",将佛法悲智双运、色空不二的精神用于工作与生活中,实现物质与精神齐发展,个人与大众共进退,定能获得真正持久的心安。倘若能以此为切入点深入经藏,了悟大乘,超凡入圣又岂是难事?

潘先生书成,不远万里,问序于余。余不敏,略述所见,聊表赞叹随喜之意,为序岂敢?

净慧

二〇〇四年五月于湖北黄梅四祖丈室

序

胡应湘

　　作为一名上市公司的最高决策人，我一向对现代管理哲学有浓厚的兴趣。潘宗光校长修研佛经多年，对《心经》佛理的见解尤为精辟。他现在决定著书立说，与读者分享他如何活学活用《心经》的真意于大学管理之中，再用实例来加以诠释，确是一项启发性的创举。

　　我在港营商数十载，期间经历了不少成功与挫折，从中也获得了很多启发和经验。在翻阅潘校长著作的文稿后，我对他在应用佛法于策略管理与运作管理上的论点和用"四圣谛"来处理问题的方法，深有同感。我十分同意，一所现代化的机构，必须在以人为本的基础上，建立进取、公平、开放的机构文化，再通过全方位沟通和共享成果的制度，来促进员工间的互信和了解。

　　潘校长与我于香港理工大学共事近十年。我对他的领导才能、管理哲学和一贯公正、公平、公开的处事态度，极

为欣赏。他乐意与所有教职员、学生沟通的作风,不但消弭了不少争端,也直接令很多新政策顺利在大学成功推行。理大能有今日的成就,他居功至伟。即使撇开宗教的问题不谈,他那套以《心经》佛理为本、务实的现代管理哲学,是值得众读者参考和借鉴的。

合和实业有限公司主席

前香港理工大学校董会主席

二〇〇四年六月于香港

序

苏泽光

潘宗光教授叮嘱本人为他的新书写序,实在愧不敢当。谈到《心经》与现代管理,不知从何说起,活了半个世纪,只不过做过几份工,对佛学更只是门外汉,但学长有命,岂敢不从?

现代管理,不外以最佳方法,通过"苦、集、灭、道",达至公司目的,谋求股东、顾客、员工福祉;以"六根"、"六识"去感觉客观形势,每日遇到困难,脱苦海靠持戒、忍辱、精进、禅定;管理离不开善用人才,因每个众生,皆有佛性;成功的企业家多不是盲目追求名利,因缘而生,因缘而灭,凡事保持平和心态,大智大悲,乐善,布施。

潘教授就是奉行《心经》和现代管理结合的表率,不独把理工大学搞得有声有色,扬威国内外,更精通佛学,著书立说。年前本人任职地铁公司时,因计划在大屿山昂平建吊车及佛教主题公园,曾多次请教他,获益良多。这本书把

佛教哲学和管理科学相提并论，其中很多独特见解和精辟比喻，令人茅塞顿开，是"言人之所未言"的一本好书。

电讯盈科有限公司
副主席兼集团董事总经理
二〇〇四年六月于香港

自序

潘宗光

　　香港理工大学曾经有不少工商管理学系的硕士课程及博士课程的学生邀请我,为他们讲解佛学在管理上的应用。很多朋友在看过我的《心经与生活智慧》(增编版)和《佛教与人生》两本书后告诉我,很希望我能多用工作上的例子来解释佛法,好让他们更易了解。我也就趁着这机缘,应这些热心朋友的邀请,撰写有关佛法和管理的这本书。

　　佛学和管理学都是两门深奥的学问,要用浅白的语言来表达并不是一件容易的事情。在本书中,我尝试多用现代的语言和简易的例子来介绍它们,希望对管理有兴趣的朋友因而对佛学产生兴趣,同时亦希望对佛学有兴趣的朋友能把佛法应用在管理工作上。

　　《心经》是我最喜欢的佛经之一,它既能以简单的言词来表述深奥的大乘空理,同时亦概括了佛法的很多根本教理,如"十二因缘"和"四圣谛"等。虽然它极为深奥,但却

能重点地显示出佛法的核心。如果我们能按它的指示把心灵管理好的话,要把事业管理好也就不会太难。好的事

业管理能令社会更加繁荣,好的心灵管理则能令人生更为安定,两者应是相辅相成、不可偏废的。

这里,我要衷心多谢我的皈依师净慧法师、星云大师、觉光法师三位高僧及胡应湘爵士、苏泽光先生的赐序;衍空法师、李焯芬教授、杨钊博士、陈家宝医生四位大德接受访问,他们的序文和言谈都使本书内容更为丰富;查良镛博士惠赐墨宝,叶青霖居士提供照片,也为本书增色不少;还有杨国荣教授、林富华居士、骆湛才博士、欧阳可兴居士、潘占达先生提供宝贵的意见,令本书更为圆满。也要多谢各界朋友的鼓励和支持,使本书得以付梓,特别是骆慧瑛居士的整理和设计,令所有资料能在极短时间内结集成书,及董华荣先生赞助部分出版经费。最后要对内子婉芬对我的一贯支持表示无言感激,她的支持使我能在佛学领域内无所牵挂地自由探索,能有所领悟及启发。

二〇〇四年六月于香港

度一切苦厄的《心经》

第一章　绪论

十多年来管理大学的经验和学佛的历程,令我深深体会到这两门都是极其精深的学问,但两者却有很多共通的奥妙之处。以我目前的修为来说,离最高标准还有好一段距离,而且大学管理和其他企业管理也不尽相同。例如,现在越来越多企业重视以人为本的理念,及其对社会和环境所负的责任,但大多数企业管理仍以盈利的多少来衡量成绩;而大学管理的目标则是为社会培养有担当的人才和对社会提供支援,它的成绩一般以学生的认受性和学校的形象、对社会的贡献等较为主观的方式来衡量。不同企业在管理上的共通之处需要读者自己来融会贯通。无论如何,我很乐意和大家分享一下切身体验,令有兴趣的朋友可以加以参考,领略不同企业管理的相同之处。

《心经》的内容很丰富,其关于"空"的义理亦很深奥,其中既有不可思议的境界,亦有世间应用的道理。本书则是集中于管理上的应用,当然并没有把《心经》的真意完全道尽。要完全明白它所蕴藏的真意,需要精进的读者自己再去探索揣摩了。这里也就不再交代其中所涉及的佛教基本概念和经文的语译。如果对此不大清楚的话,请参考拙著《心经与生活智慧》(增编版)。

现在这本书虽是一个独立的写作,但亦可说是前书的应用版,讲解如何将佛教智慧和慈悲运用在我们的事业管理和心灵管理上。我基于个人的体会,尝试从四个重点来解释佛法在管理上的应用:

一、提升管理人员的智慧和慈悲心,一方面领导企业提升业绩,另一方面亦需以人为本,帮助其他人,一起对环境、心境作出改善。

二、我们在面对问题时,未必能掌握问题的真正成因,因而误将精力投放在处理次要的事务上,无法彻底解决问题,往往只能治标而不能治本。按"四圣谛",在发现问题后,应致力找出其真正成因,才能制订最佳方案。

三、人生的顺逆和过往的所作所为(业)有关,顺境是善业的显现,逆境则是恶业的显现。为了改善将来,我们不应以牙还牙,再做恶业;反应尽量以德报怨,多做善业,广结善缘。

四、企业的成功除了个人才智外,更有赖于团队的力量。团队的决策和行政必须以公平、开放为原则,管理人员则应因队员的权责和贡献公平地分享成果,真诚地交流心得。

由于现代人工作繁忙,无暇细阅深奥的理论,故本书也不再多作理论解释,只希望能够帮助大家应用佛学哲理来解决实际的问题,待大家对佛法有所受用、有所领会后,再寻找更高层次的体悟。

度一切苦厄的《心经》

佛教说人生是苦,意味着我们的人生需要不断解决接踵而来的困难。勇于面对挑战,敢于超越困境,追求理想的未来是学佛者应有的态度,作为机构管理层对此必然有很深刻的体会,他们要在惊涛骇浪的环境中,带领着整个团队前进,毅然迈向企业的理想目标。

大多数人的一生都为事业而奋斗。事业失败了固然苦恼,即使事业成功,却会因为物欲的过分满足而忽略了照顾心灵的需要,以致产生更大的烦恼。这些烦恼可能反映在身体健康上,也可能反映在人际关系上。佛法智慧就是让人懂得如何去解除苦恼,从而获得真正的喜乐。

《心经》蕴含着无尽的智慧和慈悲,能为我们的事业管理带来新启示。一方面,它启发我们如何合理地处理日常事务;另一方面,它指导我们须同样注重精神的拓展。经中蕴含着缘起互动的智慧和以人为本的精神,与现代管理学的发展方向不谋而合。倘能遵照它的启示行事,即使面对人生的无常,我们亦可以度一切苦厄,得安乐自在。

成功的人事管理并非仅仅运用权术,或者动之以利、投其所好便可以做到。因为人之所以为人,除了有物质的需要外,还必须满足精神的需要。我们必须用真诚的态度来与别人交心,令其他人感受到关怀、爱护、互相信任、共同承担、共同分享等精神力量的重要和可贵,这样大家才更容易达成共同的理念,上司和下属齐心迈向同一目标。

在真诚的交流中,我们既与别人分享所得的管理成果,亦分享对佛法智慧的理解。因此,管理就是管人,而管人就是管人的心,要管理好别人的心就先要管好自己的心,我们学习《心经》来管理好自己的心,工作将无往而不利。佛法是积极进取的,可使我们在世间做好自己的事业和获得尊敬的同时,也创造精神财富,并和大家分享。

《心经》简介

《般若波罗蜜多心经》简称《心经》。"般若波罗蜜多"是梵文音译,"般若"普通话读作"bō rě",可简单解释为"清净无执著的智慧",它能不偏不倚地认识事物的真正本质。"波罗蜜多"译为"到解脱自在的彼岸"。整句直解为"透过智慧从烦恼的此岸到解脱自在的彼岸"。

《心经》经文短短二百六十字,是六百卷《大般若经》的精华,它以简单的言词道出了佛教的精粹。它有不少译本,例如著名的佛经翻译家鸠摩罗什就曾经翻译过。但是,论到文词优雅、义理圆满,则以唐朝玄奘法师的译本为最佳,故亦以他的版本流传得最广。

相传,玄奘法师往天竺(即今印度)求法,经过蜀地益州空慧寺时,遇到一位身染恶疾、衣不蔽体的病僧。法师生起慈悲之心,将他带回寺中,悉心照顾至康复。僧人十分感激,于是赠以《心经》为谢礼。玄奘法师视之如珍宝,时常诵读,每遇困难必定迎刃而解。及至抵达印度那烂陀寺后,法师才知道赠经给他的病僧其实是观世音菩萨的化身。

本书尝试讲解如何应用蕴藏于经中的智慧于现代管理中从而解决困难,达至理想目标。

般若波罗蜜多心经

唐三藏法师玄奘译

观自在菩萨,行深般若波罗蜜多时,照见五蕴皆空,度一切苦厄。舍利子!色不异空,空不异色,色即是空,空即是色;受、想、行、识,亦复如是。舍利子!是诸法空相,不生不灭、不垢不净、不增不减。是故空中无色,无受、想、行、识。无眼、耳、鼻、舌、身、意,无色、声、香、味、触、法,无眼界,乃至无意识界。无无明,亦无无明尽,乃至无老死,亦无老死尽。无苦、集、灭、道。无智亦无得。以无所得故。菩提萨埵,依般若波罗蜜多故,心无罣碍。无罣碍故,无有恐怖,远离颠倒梦想,究竟涅槃。三世诸佛,依般若波罗蜜多故,得阿耨多罗三藐三菩提。故知般若波罗蜜多,是大神咒,是大明咒,是无上咒,是无等等咒,能除一切苦,真实不虚。故说般若波罗蜜多咒,即说咒曰:揭谛,揭谛,波罗揭谛,波罗僧揭谛,菩提萨婆诃!

主 旨 和 应 用

《心经》指出,我们要向观自在菩萨(例如观世音菩萨)学习,努力通过精深的修行,便可以认识到一切事物、现象和法则都是变幻无常,更进而可以体证佛法本身亦变幻无常。它教导我们要破除对物质和精神("五蕴",即修行者本人)的执著,不要执著有我这个人在修行;亦教导我们不要执著有一套既定的佛法及修持的方法("十二因缘"和"四圣谛");更教导我们不要执著于进步成果(智、得)。破除执著,一切将会来得那么自然,那么自在,通过"自度度他"的修持,最终达至安乐自在。

我把这个主旨应用在管理之上,大意就是:我们先要确立事业的目标和正确的人生观,即使在工作环境中仍可平行发展物质和精神两方面。通过了解它们变化无常的自然规律,我们会明白事业上的成败得失是没有定数的,是基于不同因缘的配合所产生的结果,因此内心也就能尽量保持平静安宁。所以我们要了解事业上的问题的成因,学会用各种善巧的方法创造助缘条件:以诚信善待员工、顾客,甚至竞争对手,在大家心中散播和善的种子;如实认识烦恼的根源,从而把问题彻底解决。在提升智慧和发展事业的同时,我们也不执著于这些成就,而是将智慧成果和物质得着与别人分享。明白帮助别人也即是帮助自己,便可运用佛法智慧和慈悲来解决所遇到的一切困难,也就会无往而不利,终致达到理想的目标。

　　管理学是一门领导众人来完成任务的艺术……现代管理亦已经留意到人本精神的重要性，开始从更宏观的角度来制订事业的理念。

第二章　佛教对事业理念的启发

管理学是一门领导众人来完成任务的艺术。一般人以为管理就是领导别人怎样工作,故往往较注重经济上的、可量度的成效,而忽略了身心上的健康发展、不可量度的精神力量,而后者却更深远地影响着整个事业的将来。

当精神力量的发展遭到阻碍的时候,它不仅反映在对个人身体健康的影响上,减弱推动事业发展的精力,同时亦反映在人际关系上,增加了人事的矛盾和摩擦。欠缺人本精神的事业是不完整的,会很容易同社会和环境产生冲突,无法适应变化日益快速的世界,最终可能被淘汰。

事实上,现代管理已经留意到人本精神的重要性,开始从更宏观的角度来制订事业的理念。近年在欧洲的优质管理模范便标举一些更全面的准则来评核机构的表现,以取代传统的偏重盈利业绩的准则。新准则包括了促进

(Enabler)和成绩(Result)两方面:促进是工作的过程,由它而产生成绩;成绩则是机构的成果,由它反映出促进所需改善的地方,二者相辅相成,互相影响。所谓优质由以下各方面反映出来:成绩导向、顾客焦点、领导、管理程序、个人发展、参与性、持续学习和改善、伙伴发展、社会责任等。

由此可见,企业机构不仅只需满足顾客的需要和令股东赚钱,它还必须满足员工在物质上和精神上的需要,更要对社会和环境负责任。凡此种种均意味着,现代事业理念必须更完整,除了注重盈利的经济成效,它也必须考虑精神拓展的人本因素,才可以面对将来的挑战。

对佛法的修习使我们领略到精神拓展的重要性,使我们明白:**管理事业的同时,应要兼顾管理心灵;在提升财富和名誉的同时,更应提升精神的境界。**财富和心灵的提升互相关联、互相影响,良好的心灵管理使生活更充实,使大家工作得更主动和更积极,在愉快的环境及和谐的气氛下工作,事业因而亦有更大的成功机会。

《心经》:"观自在菩萨,行深般若波罗蜜多时,照见五蕴皆空,度一切苦厄。"

"菩萨"是指那些既通过自己的努力自利,同时也乐意帮助其他人去摆脱苦恼(利他)的人。"五蕴"就是色、受、想、行、识。色代表物质、身体,凡有形的东西都可称之为色;受、想、行、识又统称为"名",即无形的精神作用。"空"是指事物间相互依存,变化无常。

这里将有着自利、利他心态的决策者或管理人员比喻为菩萨,他们努力发展事业的同时,兼具有正确的人生观,以利己利人、度己度人为目标。作为一个机构的领导人,他固然需要精通业务的运作和具有良好的人际关系,但同时若能体证"空"性,将佛法智慧融入他事业的营运中,则成功率必然会大为增加。

当运用智慧去完善企业运作的时候,管理层必定能了解到运作中不独有有形的经济成效(物质),例如盈利和业绩等,同时亦有无形的精神力量,例如企业文化和员工士气等。这种精神力量潜藏在企业的运作中,可以转化为较抽象的东西,例如定位、品牌、形象等,并显现出来。所有这些都影响着企业的最终表现,但其本身却变化无常,不可能固定不变。良好的管理应该既包含经济成效,亦包含精神拓展,如此才可以创造一个包括财富增长和心灵成长的完整事业。

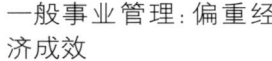

一般事业管理：偏重经
济成效　　　　　　　　完整事业管理：精神拓
展和经济成效并重

一个高明的决策者或管理人员能运用智慧，看清问题
的本质及其变化背后的因缘条件。如此既能无往而不利
地解决具体的问题，也能帮助自己及他人去解决心灵上的
问题，使一切困难迎刃而解，财富和心灵皆有所增益。这
也就是菩萨的态度。

试举实例来解释一下：我以前在香港大学任理学院院
长一职，每次放榜后必定与每位不合格的同学会面以了解
他们的情况。其中有一位是重考生，按规定重考生考试不
及格是再没有机会重读的了。我们发觉他的成绩其实并
不太差，其中一科很接近合格，而只要这科能过关，他便可
以毕业了。因此，我们再深入了解他的情况，原来他在那

科考试的前一个晚上,跟宿舍的同学去参加学生运动,并热血沸腾地跑到街上示威,因此也就没有充足时间温习,虽然事后后悔不已但却已无可挽回。虽然他的行为很冲动和不智,但我当时认为为免浪费人才及浪费社会对学生的投资,应该重新审查他的学业成绩再作决定。系主任和那科的老师亦同意,除了审阅试卷外,亦拿他一年来的功课加以认真考虑。最后发现他的功课一向都不错,综合所有因素后破格评他合格,好让他多年来在大学进修的努力没有白费,终于取得一个学位。

我以为教育的理念在于栽培有成就感、能为社会作贡献的年轻人,而非制造一些对社会心灰意冷的失败者。因此,在成绩不合格的表面现象下,我们当更深入了解背后的因缘条件再采取适当的决定。虽然新决定会打破过往程序的旧框框,可是世事无常,只要不滥用权力,而按个别事件的特定情况来作决定,有时会较遵从既定的决策模式更可行。当然,如果这个决定有什么负面影响,我一定要向校长负起全责。

以人为本的精神就是菩萨精神,也是现代事业理念所必需的元素。

　　佛教要求我们对事物的认识不要停留在表面现象,而应更深切地去了解它的因缘条件。

第三章　佛法在策略管理上的应用

作为机构的决策者或管理人员,必须先制订机构的抱负(Vision)和使命(Mission),然后制订策略性的发展计划(Strategic Planning)。这样才能确立事业的目标,订立未来的发展方向。以下介绍将《心经》中提到的"苦、集、灭、道"(即"四圣谛",它是处理问题的完整程序,这点将来还会再详细解释)应用在策略管理之上。下面以香港理工大学为实例,解释如何分四个步骤实行。

确定问题所在:"苦圣谛"

第一步,苦,从问题的发现开始。我们在制订事业的理想目标时,就是为了能解决目前和将来潜在的问题。

大学管理层很早就发现大学发展潜在着一些问题:香

港是块弹丸之地,资源毕竟有限,随着政府资助大学的数目大幅增加至目前的八间,大学发展将会面临资源(量)和学生来源(质)的问题。

分析原因:"集圣谛"

第二步,集,分析问题背后的原因。欠缺智慧的人在遇到困境时不懂得如何去分析问题的原因,更加不懂得采用什么方法来解决,他们唯有自怨自艾,抱怨上天不公平。明智的决策者明白自己和身边的种种条件是变化无常的,就更容易找出导致问题的主要因素,从而制订最合适的发展目标。管理层必须详细分析目标背后的种种因缘条件,才可以找出正确的方向和真正的动力。

一般来说,传统的重点大学都着重于基础理论研究,以学术成就来衡量学校的成绩及声誉。理工大学若从学术方面来发展便会遇到较多竞争,亦会较为困难。香港已有传统的综合性及研究型的重点大学,无论从资源和生源(学生来源)方面和它们竞争,都是绝不容易的。可幸的是,现在的社会开始注重应用性,大学的发展策略便可以顺应这个大趋势以支持社会的经济发展。

制订理想目标:"灭圣谛"

第三步,灭,订立理想目标。决策者充分认识机构自身和外在的条件后,他便须制订理想目标,以带领整个机构走向有自己特色的成功之路。

香港理工大学的发展目标就是成为一所以应用为本的一流大学。我们的抱负就是成为提供首选课程、培育首选毕业生的首选大学。我们的使命是提供应用为本的优质课程,让毕业生能学以致用;进行切合工商界及社会需要的应用研究;提供理想的学习环境,让学生全面发展学术以及个人才能;与工商界及专业团体发展密切的伙伴关系;为在职人士提供进修课程,助其实现终身学习理想。

管理层在制订抱负和使命后便传达给教师和职员,并领导他们去完成,以达到大学在教学、科研、促进社会发展三方面的指标。

执行方案和检讨:"道圣谛"

第四步,道,执行方案和检讨。在制订目标之后,管理层便必须将它化为具体方案来执行,并加以定期检讨。这些方案的推行和运作直接反映在机构的表现上,也影响着将来能否达成既定的理想目标。因此,我们需要加以定期检讨,以保证机构运作在正确轨道上循序渐进。

我们制订了一连串的可行方案并加以执行和检讨,其中包括:

一、管理层要像伯乐拣选千里马一样用人唯才,从不同国家邀请优秀的教职员担任各项工作,以配合大学的发展目标。一般大学的副校长大多是从校内有学术成就的教授中提升出来的。但为了配合以应用为主导的教学及科研目标,香港理工大学的五位副校长中,有两位是从校外邀请过来的,一位是管理经验丰富的企业界人士,另一位是在支援工业发展方面有丰富经验的专业人士。作为管理层而具有这些不同的资历和经验,必能为促进以应用为主导的大学发展创造更好的条件。

二、要有效运用资源。我们将在学术上运用的资源划分为一般性支援和特别的支援：一般性支援是为各学科提供全面发展，使课程能结合理论和实践的元素；特别支援则是为重点发展的学科提供额外资源，务求达到一流水平。

三、经常检讨课程的实用性、教与学的素质等，务求达至国际水平。

四、校方鼓励老师多作应用性科研，对能得出实用的、有经济效益的研究成果者，优先提供资源和方便。

五、加强与工商界的联系，并为他们提供技术支持。

六、我们认为学生除了学习专业知识外，还应提升人格，能克尽对国家和社会的责任；他们还需了解世界、国家、社会的发展和动向，以开阔视野；学校同时举办多元的文化活动，提供沟通技巧、语言训练的课程，安排暑期工作训练、加强交换生等计划，以拓宽学生的接触面；举办特别的活动，如"青云路"等，专门训练学生的领袖才能和创意等。

七、加强与国内大学的科研合作。

八、协助创立理工大校友会系会和联会，积极加强新旧校友间的联系，并彰显他们在社会上的成就和贡献。

九、发展捐款文化，制订有效的募捐策略，及扩大募捐对象至内地朋友。

十、除了推行实际计划外,我们还聘请独立的顾问公司定期调查社会对学校及毕业生素质的认受性,以作客观检讨。

以上是通过周详的分析和理解而制订的策略性发展计划,经验证明它能面对时局变化的挑战。这里"四圣谛"的应用虽然是以大学为例,但它亦普遍适用于一般工商业机构的策略管理。

策略管理的环境素描

佛教要求我们对事物的认识不要停留在表面现象,而应更深切了解它的因缘条件。这和环境素描分析(SWOT Analysis)的作用很相似,它是现代管理常用的分析工具,能帮助管理层明白所有有关机构的发展条件,从而制订最适当的策略。以下举例说明:

数年前,我们打算将学校的课程引入内地,以配合国家教育的整体发展。管理层于是作了一个详尽的环境素描分析。将所有的条件分作四大类:内在的强项(Strength)和弱

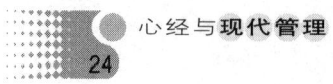

项(Weakness),外在的契机(Opportunity)和危机(Threat)。

强项:香港理工大学的优势是课程设计、专业培训、研究开发等均以应用为本;绝大部分老师都有海外的、达到国际水平的科研与教学经验,他们还有很多实际的工商业经验。

弱项:在内地办学,老师需要精通英文和普通话;除语言能力外,香港老师和内地的师生还有文化上的差距;内地幅员广阔,我们的人力资源相对有限。

契机:内地需要大量应用性的课程以配合其经济发展,如酒店管理与旅游管理、物流与供应链管理、物理治疗(培训足以应付二○○八年奥运会所需要的达到国际水平的治疗师)等等。

危机:来自其他大学日趋激烈的竞争。

在分析过所有机构内部的和客观环境的条件后,我们制订出一些策略和处理手法以应付不同情况(参考附图)。大学管理层决定,首先集中力量挑选两三个合适的城市及有策略性优势的内地大学作为合作伙伴,逐步建立既广泛而又密切的人事网络,跟着只集中提供限量的、优质的应用性课程,校方亦为老师提供普通话培训课程,以加强他们与内地师生沟通的能力。经过几年的努力,我们现在获得国务院辖下的学委办(国务院学位委员会办公室)确认课程数量远远超越其他大学。这证明了我们课程的认受性,对于我们推行应用性教学及科研的教育理念和协助国家发展的目标都起了很大的鼓励作用。

外在条件

	契 机	危 机
强 项	策略 ・协同效应 ・(Synergy Effect) 手法 ・集中多元化应用学科 ・加强与国内相关单位 　合作	策略 ・集中资源　取长弃短 ・(Optimising Strength) 手法 ・建立良好的伙伴关系 ・发挥自己最大的优点 ・实践与理论互为补足
弱 项	策略 ・员工自我增值 ・(Ownership Approach) 手法 ・加强员工普通话培训 ・加深对内地文化的 　了解	策略 ・讯息灵通　避重就轻 (Intelligence) 手法 ・了解内地社会发展趋 　势及其所需 ・认识竞争对手的条件 　及动向

（内在条件）

发展内地课程的策略管理环境素描

　　决策者通过掌握变化的规律来领导事业的发展······管理人
员以真诚的态度帮助员工发挥他们的才能······事业的发展必须
以员工才能的发挥来配合。

第四章　佛法在运作管理上的应用

在这一章中,我们尝试将佛法的精神应用在机构的具体运作上。

《心经》:"舍利子! 色不异空,空不异色,色即是空,空即是色;受想行识,亦复如是。"

前四句"色不异空,空不异色,色即是空,空即是色"是大众耳熟能详的佛教偈颂,它的意思是:有形的东西(物质)是会变化的,变化本身也体现在有形的东西上;后两句"受想行识,亦复如是",则指出无形的东西(心灵)也是如此。此中蕴含着高深的悲智相运、自度度他的菩萨道精神。

"色不异空"是自利,通过修行来提升智慧,明白事物的变化无常,应用在管理上,**管理层可通过掌握变化的规律来领导事业的发展**。"空不异色"是利他,以慈悲心帮助他人,更充分明白变化在他人身上的显现,在运作管理上,**管理人员应以真诚的态度帮助员工发挥他们的才能。**"色即是空,空即是色"是不执著自利和利他的任何一边,因为自利与利他是一个整体的两个不同方面,不可分割,两者互相推动,互相影响,在管理上的应用是,**事业的发展必须以员工才能的发挥来配合。**前四句是关于身体的、物质的部分,即自利、利他;而后两句"受想行识,亦复如是"则是关于精神的、心灵的部分,即自度、度他。

让我们从机构的具体运作来参透其中深意。例如,不同人投资相同项目或从事相同的事业,却往往产生不同结果,有些人会很成功,有些人却失败了,为什么会那样呢?佛教说空,即是指一切事物都是因缘和合而成,没有一成不变的本质。所谓缘起,简单来说,就是影响事物的所有条件。因此,事业的成败得失视乎管理层如何洞察及处理人事和环境的变化,并非事先可决定的。以下从"空"的角度,即从缘起来剖析此中关键。

在变幻莫测的环境、人事、市场、时局中,管理层的表现有赖于智慧、努力、诚信三个基本条件。智慧是制订事业理念的能力、创造和把握机会的能力,以及个人的专业知识和管理技巧等;努力是指他投放的资源,包括金钱、时间和坚定不移的进取精神等;诚信则指待人处事的诚恳和个人的信用和凡事以身作则的态度。

表现＝智慧×努力×诚信

成功的因素

明智的管理层通过对自身条件和客观因缘的详细分析,知道它们是变化无常的,他便会致力创造机会及营造条件,使原来不具备的条件得以产生。他不会怨天尤人,在无益的嗟叹上浪费精力;而会机巧地利用当前的一切机会与条件将事情办好。这就是"色不异空"的智慧。

譬如,现在的大学面对政府要削减对非学位(高级文凭及副学士)学额的资助,这将会导致部分教师的失业和学生的失学。面对这一问题,校方不采取消极的态度,反而锐意加快发展自负盈亏的社区学院,一方面令有志进修的学生可以有机会继续升学,另一方面亦可以令部分教师无需担心失业问题。

管理层的表现直接影响到机构的成败得失,他的领导方式也就至关重要,以下简略地探讨一些不同的领导方式。

完整的领导方式:"色不异空,空不异色"

所谓"色不异空",是决策者通过对"空"的认识来提升智慧,掌握变化的规律,为机构制定远大的理想和可行的策略,然后管理层领导下属完成各个任务,以达到决策者所定下的指标。这是从上而下的领导方式。

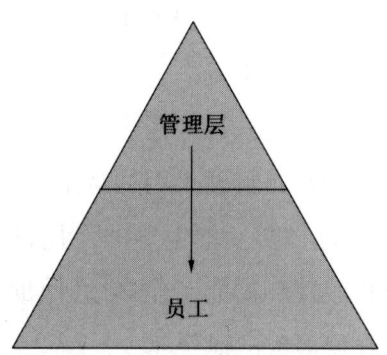

领导式管理

在一般情况下,管理层必须扮演主导的角色,由上而下来达成决策。例如:在资源分配等问题上,由于校方没有可能满足每一个学系或部门在资源上的要求,管理层在分配资源时便须以大局为重,以大学整体利益为前提作出公平合理的决定;在资源运用上,香港理工大学采用了单项财政预算(one-line budget)模式,使各个部门主管可依照既定程序,按自己部门的实际情况有效地运用资源,从而取得最大的效益;此外,人力资源处开设了一站式服务,为员工在查询个人资料和解决人事疑难时,提供了莫大的方便。再如数年前,我们在完成了"工作程序重整"检讨后,发现有些委员会的工作欠佳,决定删减校内委员会的数目,也取消了很多不必要的会议,改用较直接简单的咨询方式,决策的程序遂因而得到简化。这些措施都大大地提升了同事的工作效率。这些事情都需要从上而下地进行才可以取得良好的效果。

以上也是一般企业管理采用的从上而下的领导方式,管理层有责任亦有必要发挥主导的作用,但同时,也必须尽力创造一个开放及和谐的工作环境,协助员工提高自己的工作效率和获得最大的满足感。

至于推动特殊的事务,我们需要全方位的管理方式,即保持信息双向流动。例如在策略性发展计划的制订方面,香港理工大学管理人员便先从管理层构思策略的方案大纲,并咨询校董会和顾问委员会;然后再反方向咨询其他持份者,例如学生、教职员、学系、学院等代表的意见,同时请他们不同程度地参与或对内容作出修改。这个将

"正"、"反"信息合并的历程,所制订的计划可令大家产生更强的归属感,也会得到更多的支持和认同。

在一个完整的机构运作体系中,管理层必须扮演从下而上的支援角色,向员工提供协助。管理层应通过对员工的充分认识,了解他们的强项和弱项,制造条件让他们的强项得以发挥,弱项得以弥补,例如提供适当的培训以帮助他们提升专业知识和拓展视野。这样既能增强他们的工作能力,也有助于解决机构的问题,员工工作更为安心,效率必然有所提高。

在实际管理运作中,大学内同一学系内的教员会有不同的能力,有些善于科研,有些善于教学,有些善于行政等,管理层安排他们能尽量发挥自己的长处,从事自己擅长的工作,以最佳的互相配合来达到整个学系在教学、科研、促进社会发展上的三个目标。管理层会综合考虑他们的整体表现以决定其晋升机会,而不会只考虑单一因素,如科研等。这种工作分配方式就是从下而上的支援式管理,它合乎全体工作量观念(Total Workload Concept)。

这是"空不异色"的实际运用:管理层善待员工,了解

他们,配合他们的才能的变化来推动事业的发展。

　　若管理工作只是由上而下地委派任务,那便不能发挥员工所长,长远来说更会打击士气,令员工无从一展所长,间接妨碍了机构发展速度。佛教众缘和合的道理显示:管理层既要发挥卓越的领导才能,同时亦要为员工提供支援,两者互相配合,加强交流和分享,会加强员工的归属感,亦能提升团队整体的工作效率,从而使机构的发展更加成功。

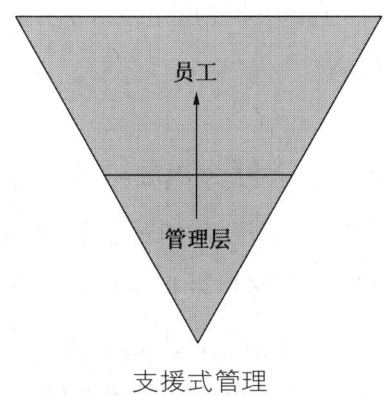

支援式管理

　　决策者以真诚、互信的态度来制订机构的目标和发展策略,管理人员善待身边每位同事以提升他们的能力来发挥自己所长。上下一起努力,齐心迈向目标,令企业达到整体目标的同时,也使大家达成个人的目标,两者相辅相成。

全方位的沟通:"色即是空,空即是色"

所谓"色即是空,空即是色",指出大家都是一个整体的不同方面,互相关联,互相影响。在管理上,所有机构分子都作为一体,大家能互相明白和充分了解,其实现确实有赖于良好的沟通。我们和其他人都有着共存的关系,即使是顾客、竞争对手、压力团体等亦如此。对于他们的意见,纵使可能与自己的利益不相符,亦应虚心聆听,不应采取截然对立的态度,置若罔闻,甚至采取打压手段。

禅宗流传一个故事:寺院中的一位僧人因事要赶路,天未亮便匆忙外出,由于看不清寺院门前的一群蚂蚁,把它们踏死了而不自知。天亮后守院者看到地上的死蚁便告诉方丈,诉说僧人的不是,请求责罚他。方丈听到后,告诉守院者:"你是对的!"待僧人回来后,方丈向他查问早上的情况,僧人回答他自己并非存心作恶,只是由于天黑的缘故,根本无法看清楚地上的东西,才误踏蚁群,既然没有犯罪之心也就不应受罚。方丈听后,告诉僧人:"你是对的!"方丈的童仆听后,很觉诧异,问方丈:"刚才那人说踏着蚁要受罚,你说他对;现

在这人说踏着蚁不用受罚,你也说他对,岂不糊涂?"方
丈告诉童仆:"你也是对的!"

这个故事的寓意是,每一个对立的意见,每一个批评,
都是基于独特的因缘条件而发的。**管理人员面对种种不
同的意见和批评,都应乐于聆听和理解,不应执著对与错,
预设好与坏**。他必须先肃清自己心中的成见,然后再深入
了解意见和批评背后的原因。

现在社会风气无疑比较政治化,小事亦可被化为大
事。管理层对此不可掉以轻心,而一概抹杀别人的意见和
批评。因为星星之火可以燎原,置之不理只会加深双方成
见,令形势更加对立。可行的办法是,广设咨询渠道以接
纳不同声音,及早处理问题,做防患于未然的工作。

垂直渠道是常规的沟通途径,即按权责高低者的接近
来相互沟通。例如,在处理教职员个人问题时,我们依从
垂直沟通渠道来按级呈递。员工若有投诉,必须先由系主
任或部门主管处理,假如员工对裁决有异议,才由院长或
副校长按情定夺。假若仍未能消弭事故,最后校长才会亲
自介入,作出仲裁。

　　垂直沟通是常规的决策和行政上的一个有效渠道,但面对变化日益迅速的外在环境,讯息的传递按垂直的渠道便显得冗长缓慢,而且缺乏弹性,不能集思广益。为了能增加弹性和效率,我们亦附加开放水平式的沟通以作咨询用(见附图)。

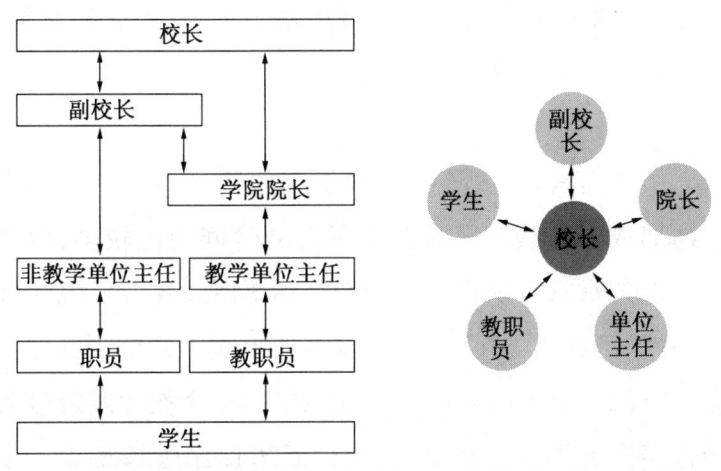

常规的垂直沟通　　　　　　开放式水平咨询

　　抱开放的态度来包容不同意见,有不同层次的交流和多元化的沟通渠道,是香港理工大学的管理特色。除了最高管理层的例会外,作为校长的我,亦会亲自和所有单位主任、教师及行政人员代表、一般职级员工代表每年两次分别直接交流,在各级不同会议中不会安排他们的上司在场,而这种安排是得到他们的上司对我的信任后做出的,在这种环境下他们能畅所欲言地向校长直接表达对校政的感觉(当然那并不涉及对单位或个人的批评)。所有的意见都会记录在案以便日后跟进。每三年,我还会探访各个学系、单位,借此机会与各学系或单位主任一起尽量和每位同事碰碰面,听听他们的意见。我亦与教职员协会、学生会、研究生会的执行干事经常会面,互相交换意见。每年最少一次在校园与学生作公开的真情对话。

　　一般而言,在决策和行政上必须依赖于常规的垂直沟通形式。虽然水平式咨询所占的时间会比较多,但水平式咨询常常可以得到新创意和新启发,令管理模式较有弹性,不容易僵化。例如,香港理工大学的校训就是在这一方法下诞生的。在一九九九年的一个教师及行政人员代表咨询委员会会议上,有位同事提出学校缺少一个校训,我们认为那是一个非常好的意见,于是着手筹办校训的创作。首先,校方向有关人士,如校董、师生、校友等征求训句,尽量搜集意见。然后,管理层遴选出较佳的送交校董会、顾问委员会、教职员、学生、校友等,作全面咨询。最后,在十二月底,由校董会作决定,正式通过以"开物成务,励学利民"作为香港理工大学的校训,以迎接千禧年新世纪的来临。

我鼓励管理层的其他同事采取全方位的沟通形式，即既有常规的垂直沟通，亦附加开放式水平咨询，尽量与相关人士密切交流。因为沟通能有效增加互信，大家同心协力可发现问题于未发生时，解决困难于未形成时，合作起来必然更加和谐。

透过多元化的交流，教职员与同学们不免会按自己的所知所感来表达见解，很多时候便会像寓言"瞎子摸象"中的盲人般，只能各自说出某部分的真实。由于接触面不同，校方要平衡各方观点，在作决定时不可能完全遵照某一个意见，而必须有很明确的优选次序，即凡事必以大学的整体利益为先，然后考虑个别学系和单位，最后才考虑个人的诉求。由于管理层需依据不同层面来考虑问题，故从管理而言，每个观点也就没有可能绝对平等对待。但是良好的管理却可以做到相对平等，那就是虚心听取意见，尽量保持公开、公正、公平的管理原则。

佛教里有个故事说：一个商人因为生意上遇到挫折，于是前往拜访禅师，寻求他的开示。但当他一见到禅师，就絮絮不休地说个不停，令禅师无法插嘴。禅师默然不语，只往他杯中不停注茶，水满后往杯子外潺潺溢出。

商人惊讶地叫道：“你难道不知道吗？杯子满了是载不进茶水的！”

禅师反问他：“你难道不知道吗？脑子满了是载不进别人的意见的！”

要作一个好的领导人，他本身就要是一个能被领导的人。明白“空”的义理，我们就更能虚心听取意见，更有可能成为一个好的领导人了。

处理问题的方法：“四圣谛”

即使有着完整的领导方式和全方位的沟通，管理层在变幻无常的时局和环境中，仍会遇到很多预计不到的突发问题需要处理。因此，实际处理问题的方法在企业运作上就成为一个很重要的课题。

《心经》中提到的“苦、集、灭、道”，就是“四圣谛”，这是一个放诸四海而皆准的解决问题之方法，因此可以具体应用在企业管理上。它指导我们在面对问题时要面对它、认识它、超越它、处理它。

"苦"——面对它,先要确认问题所在,不要轻视问题,也不要轻视自己解决问题的能力。

"集"——认识它,找出问题的成因,不要只采取头痛医头、脚痛医脚的方式。

"灭"——超越它,确立远大而踏实的目标,不要碍于问题的表征,为表象所惑。

"道"——处理它,制订方案,执行和检讨,**通过解决问题的过程来发挥自己的潜能,这样问题也就不会成为苦恼。**

在日常生活中,人们常常会采取头痛医头、脚痛医脚的"救火"方式来消除病症,但那不过是治标不治本。例如,在现今世界的反恐就是采用这种方式,他们对付恐怖袭击的策略多是立刻施加"以牙还牙"的追击,虽然这好像也能得到即时效果,但却很容易掩盖了真正的成因,没有彻底解决问题。若能从原因(集)来下手,反省一下,是否因为过往不妥当的政策而造成今天的敌对局面?那么解决的方法便会有很大的不同,在重新制订政策时可能会更着重减少双方的怨恨和恶业,增加谅解和多结善缘。**从反省原因出发来解决问题,虽然不一定会收到即时效果,但从长远来说却能把问题彻底根治好。**

人们处理问题时往往只留意事物的表征而忽略了问题背后的真正原因,由于经验和知识的局限,很多时候只能找出较表面的成因,这种囫囵吞枣的解决方式,仅能治标而不能治本。由于原因并没有被根除,它在遇到适当的助缘(条件)时问题便会再次浮现起来,甚至造成更大的祸害。佛法智慧教导我们,只有不断提升智慧,不要执著于表面现象,才能找到真正的成因,才可以调配整体的条件来彻底解决问题。

这也是东西方医疗观念的不同之处。西方医学着重医病,即对病症的确定,和如何把它消除,其好处是断症清晰、收效快,坏处是副作用较多;东方医学则着重医人,即先了解致病的成因,再从人的整体条件来固本培元,其好处是体质能自然增强,副作用较少,坏处是需时较长。佛陀被称为大医王,就是他能活用"四圣谛",解决问题时先找出它的成因。

之前已经讲过如何运用"四圣谛"来作策略管理,现在我再举一例说明如何应用它来处理实际问题。

苦:现在大学遇到其中一个最大的问题就是政府削减

拨款。管理层明白将要面对经费不足的情况,假如处理不好,便会有部分学科和科研工作要停办,老师和学生都受到影响,有些教职员更可能失业。

集:了解问题的成因:大学经费绝大部分来自政府拨款和学生的学费。以往数年社会不断扩充教育,经费不断增加,形为政府很大的开支负担。最近因为香港经济下滑,政府面对庞大的赤字,没法再承担目前的经费。

灭:管理层要制订目标,那就是在将要改变的政策下维持办学素质,保障教职员就业(不称职的例外),如果这两项所受的影响不能减低的话,那么问题根本没有解决,只不过是转嫁给教职员和学生罢了,最终受影响的还是整个社会。

道:制订方案和检讨:我们把方案分成节流和开源两部分。节流,即推出不同计划以减轻人手需要和开支,例如:精简架构、简化运作、文件电子化等,这些计划提高了工作效率,有效地抑制了工作量的增加,也相应地遏止了教职员数目的增长,但却并不直接减免教职员;校方检讨全套薪酬结构以配合市场实况,亦为有意离开的教职员提供自愿离职计划及作出合理的补偿。以上计划除达到了节流的目的外，还提高了大学的运作效率。在推行这些计划时，亦同时改良了管理文化，使职员，包括管理层，渐渐了解到其工作是对前线教员的支援而非对他们的控制，由于目标明确，大家的工作效率便更有所提高。开源，即运用大学的优势来广增资源，香港理工大学是一所以应用为主导的大学，所以我们决定加强和工商界合作，为他们提供生产技术、产品设计等服务，及举办自负盈亏课程，以增加学校收益；加强人事网络，发展筹款文化及方法；加强校友联系，令旧校友无论在经济上、出路上都可以为同学和新校友提供帮助；广结善缘，开拓与其他企业家的新联系，既可获得新触觉又可成为新募捐渠道。由于我们早已觉察到削资问题的存在，故这些计划在政府实施削减经费前数年早已在校内逐步推出，故削减经费的实质影响亦按年摊分而变得可接受。管理层还要定期检讨以上方案，以确定推行它们的成效。

不仅在管理上，甚至在一切问题上，包括人生的、心灵的问题上，我们都要能善用"四圣谛"：苦、集、灭、道，即抱着这样的态度：面对它、认识它、超越它、处理它，使我们的工作和人生更为充实。

　　"空的管理",就是不以自我为中心的互动管理,融合由上而下的领导式和由下而上的支援式的管理,以注重沟通和分享的手段,来达成物质和精神平衡发展的目标。

第五章 "空的管理"与机构文化

　　以上的讲解可以说是"空的管理",就是不以自我为中心的互动管理,融合由上而下的领导式和由下而上的支援式的管理,以注重沟通和分享的手法,来达成物质和精神平衡发展的目标。

　　在《心经与生活智慧》一书中,我曾引用:"观色即空成大智,观空即色成大悲"来演绎"色不异空,空不异色,色即是空,空即是色"这四句所蕴藏的生活智慧。"色不异空"是自利,透过修行来提升智慧,以摆脱苦恼。"空不异色"是利他,以慈悲心帮助他人,一起得到快乐。在管理上就是运用智慧去认识和创造种种条件,并慈悲地去帮助一切人,自利、利他。我们同样将受、想、行、识(四者统称为名,即是心)配进去,便成为:"观心即空成大智,观空即心成大悲。"意即心灵的管理也同样需要运用智慧去认识种种条件,和慈悲地去帮助一切人,自度、度他。这其实也是佛教的终极目标,既管理好自己的心,同时也帮助别人管好他的心。故此,完整的事业管理就包含着物质上的自利、利他和精神上的自度、度他两个方面。

《心经》上说"受想行识,亦复如是",指出心灵管理与机构运作一样,同样蕴藏着空性,那意味着我们的精神同样可以,而且也需要转化。在机构中,员工的意识和行为便须要机构文化来推动转化。**良好的管理除了保障员工物质生活的交易性领导外(Transactional Leadership),还必须有提升精神境界的转化式领导(Transformational Leadership),使大家有机会学习和成长**。例如,管理层可以提供增值的培训以扩充员工的知识和视野。在良好的机构文化下,管理层和员工一起抱着合适的态度来办事,那自然事半功倍;机构能和谐运作,效益自然有所提高。以下探讨"空的管理"所引出的机构文化。

团队精神:众缘和合

因缘法的理论:"此生故彼生,此灭故彼灭;此有故彼有,此无故彼无。"指出世间万事万物互相依赖并存,互相推动,互相发展,没有个体可以独立存在。宇宙万物的这个法则解释了企业运作的情况,**事物皆众缘和合,故此帮助他人即是帮助自己,因此我们应当运用诚信来帮助他人,在管理上建立良好的团队精神。**

管理层不仅需有智慧去了解机构所有的因缘条件外,还需以设身处地的态度去帮助员工,让他们圆满地完成任务。员工的表现能否达到要求是无常的,即除了本身能力外,还依于以下条件而变化:所制订的指标是否合理、是否有足够的支援。管理人员本着诚意去善待下属,及帮助员工发展他们的长处,增强员工对管理层的信任,大家才会产生更强的归属感,发挥更大的团队精神。

管理层应明白员工不是生产工具,而是活生生的一个人。他们除了为事业而工作外,还有个人的家庭生活;除了有物质的需要,还要精神上的满足。明白了每位员工都是通过自己的努力来换取报酬,管理人员便应尊重下属员工,为他们提供友善的支援,对员工的出色表现多加公开表扬,而对他们的个人生活上的困难则暗中帮助。作为管理层必须要懂得控制情绪,不可滥用权威,而应待人以诚,坚守信用。有时即使仅仅对下属的点头微笑、短暂的亲切交谈,也会给大家以良好的归属感。这样才可以有效建立企业中的团队精神,建立强大的同心队伍,更能促进企业整体发展。

良好的团队精神尤其需要互信。为了提高大学内管理层和教职员及学生间的互信,我于二○○一年(在出任校长十年后),便主动提出将校长任内首十年的工作表现进行全方位式评审。负责评审工作的人士不仅有校董会成员,增加了和校长工作有关的人,例如:单位主任和代表、教职员协会和学生会干事等,让大家以不记名的方法对校长表现评分。我固然希望教职员和学生认同我的领导和表现,但也相信他们表达的感受会如暮鼓晨钟一样,发我深省。我同时更希望在公开的评分过程中,大家都可以增加理解和互信。

在我提出这项建议之前,曾有不少人劝我不要冒险。事实上,我当时是凭着以大学福祉为首、个人荣辱为次的信念,及以平常心看待评分结果的态度,来展开这个香港大学史上首次对校长进行全面、全方位和正式的工作表现检讨的,藉以达到体现向公众问责的重要目的。

检讨所带来81分的正面结果使我感到欣慰;同时,它

也鞭策我继续努力,尽心把工作做到最好。最近,我在咨询了其他管理层成员后,决定把这一较简单的评核模式推广到校内的常务副校长、副校长、院长、系主任和部门主管中,让他们的上司、同僚及下属共同参与评核他们的工作表现。我希望这种措施会鼓励各位同事自强不息、不断求进,在理解和互信的基础下,一起为大学作出贡献。

近年流行以"管理工作坊"的形式推动管理层间的团队精神,我们每年将管理会议改在校园以外的地方举行,并一块集宿三天,在工作时间一起检讨大学过往的状况和筹划未来的发展。工余以后,大伙可以消遣聊天,闲话家常,以增进同事间的相互认识和感情。在轻松的气氛下进行交流和沟通的方法,常常会产生意想不到的效果,对推动团队队员的归属感有莫大的帮助。

成果分享:因果分明

由于团队队员的努力才能使机构工作圆满,故此机构所得成果,亦应公平地分配给各队员。管理层要使员工明白:企业实施的是公平的政策,但不可能有绝对平等。绝对平等,就是无论功劳多少都得到相同的报酬;公平,即相对的平等,就是多劳多得,不同权责的不同表现得到不同回报。

强调分享的管理方式,令大学在身处经济逆境时仍然能提高教育素质,使学生学有所成,为雇主乐于雇用。反过来,学生的良好表现也会取得社会的支持,例如各界人士捐助增加。这样,我们也共同分享了良好管理的成果。

懂得分享也就要懂得珍惜。我们为学生争取社会资源,同时也要令他们明白这些来之不易的资源之可贵,应加以珍惜善用。例如,学校里发现有些同学滥用电脑激光打印,浪费纸张之余,还造成用者大排长龙,浪费时间。为了解决这个问题,我们提出收取一定费用,来遏止滥用浪费的风气。虽然曾经有反对的声音,但当实施收费之后,浪费的情况确实不复存在。而所收取的费用被用来添置更多的印刷机,大大缩短了学生的轮候时间,提高了各方面工作的效率。

分享成果、珍惜机会,并不单局限于对机构内的资源,还要扩展至整个社会、整个世界。对于一花一草加以爱护,不随意砍伐;一木一石予以珍惜,不随意滥用,这与现代环保意识也遥相呼应。

还记得在中学时期,我曾经因学费承担有困难,甚至考虑到要辍学,幸有当时老师的鼓励和校长的通融,建议我努力改善成绩,以争取半费,于是我努力学习,达到半费的标准;校长又建议我再加改善以争取全免,于是我加倍努力,终达至全免的资格,最后顺利完成学业。学校固然提供了机会,但学生还必须自己珍惜和努力才可以把握。通过自己的努力取得成果后,我更加感激校长与老师的循循善诱,因为他们不独给予我机会,还激发了我的自发性,使我为日后的学术研究工作奠定了良好基础。

因此,本人在大学里实施分享成果与分担责任并行的方针。例如,这几年经济不景气,有些学生对于每日四十元的住宿费也感到吃不消,为了帮助这些同学,校方特别安排了一些工作,如联络校友、担任科研助理、图书馆和综艺馆助理等,让他们可以兼职来赚取收入以减轻负担,而那些工作都是在校园内进行,因此也省却了他们的交通时间。虽然有人会认为教育费用应该由社会负责,大学应在经济困难时减低宿费,但以我的经验来看,这样只会增加年轻人的依赖性,减少磨炼的机会;相反,通过参与工作实践,使学生或下属能珍惜资源,加强自发性,训练他们在逆境中自寻出路,体会**"自助乃是最佳的帮助"**的道理,可谓一举数得。

赵州是中国著名的禅师,有无数弟子。一位新来的僧人对他说:"我初进禅林,请老师指点。"

赵州问他:"你吃过粥了吗?"

僧人回答:"吃过了。"

赵州说:"洗碗去!"

佛家注重用负责任的态度来承担因果,吃过了粥是因,接着洗碗便是果,这既是应尽的责任,也是最自然的学习知因识果的过程。**一个赏罚分明的制度让机会落在合适的人选手中,更能激励员工的士气。**有良好表现的同事,理应得到更多回报;表现欠佳的同事,则应藉被处分而作出反省。

个人态度:"人无我"

在竞争激烈的社会里,有些人为了一时得失,过分吹嘘自己的形象,或者拼命攫取权力和财富,尽量争取社会名誉和地位,或者为了彰显自我而标奇立异地"出位"。这种人抱着自我膨胀的态度来工作,虽可以得一时之利,却难以建立长久事业,因为长远来看,这种做法不仅会增加人与人之间的矛盾,也会增加人心灵的矛盾,妨碍人们持久和健康的发展。

自我膨胀明显地增加人与人之间的矛盾,但为什么说自我膨胀会增加人们自己与心灵的矛盾呢? 有些人执著于事业成功的目标,不惜耗尽精力地工作,亦有些人因为事业成功反而压力增大,或因成功而追求享受,他们均较忽略心灵的需求。奢侈的享受多会麻醉精神,对心灵有百害而无一利;过分的工作、过大的压力、过分奢侈的享受同样会导致身体损耗、百病丛生,使人无法长久应付工作,这样达不到事业的理想目标。不明白身心的变化规律,便会为它付出难以想像的高昂代价,一旦生起病来,便为时已晚,到头来也是无法享受事业的成果。

《心经》中,观自在菩萨所照见的"五蕴皆空"就是指"无我"。用佛教无我的态度来办事,会不会给别人比下去,或是采取"躺平"态度呢? 不会的! **用无我的态度,抛开个人的荣辱得失,全心全意克尽己任,才是建立事业的良方。**

《心经》:"舍利子!色不异空,空不异色,色即是空,空即是色;受想行识,亦复如是。"

观世音菩萨向舍利子开示五蕴和空的相依相即的关系。前面已解释过,色指物质或身体;受、想、行、识指精神,身体和精神都是空,佛教术语称之为"**人无我**"。那不是指没有我的存在,而是强调不存在固定不变的我。透彻了解了人的身体和心灵的相互变化,就能明白个人没有固定的本质。

无我是指我的身心及一切事物都在不停地转变,不存在一个不变的实体。由于世事无常,我们对事物的固定想法或任何既定观感都不可能绝对正确。可是,人们却常常将过往的想法和观感带进目前的生活,而忽略了现实中的改变。

机构管理中,管理人员如果把持自我的自尊心,主观意识较强,便会令所作的决定和行为与现实不完全相应,取得的效果也就未必理想。执著自我的观感,以为自己绝对正确,事事将自己的利益作为考虑事物的前提,这种做法当然经不起长久的考验,无法令企业有远足的发展。

在管理应用上，无我的态度并非指没有知识和没有主见，或是随波逐流的工作方式，而是不从个人欲望、个人利益出发来办事的态度，是一种依据专业知识和企业的、社会的总体利益出发来考虑问题的态度。若能借鉴《心经》所蕴藏的管理自管之道并持之以恒，我们必能对人生有新的体验，感受到海阔天空、包容万物的境界，身心亦会更健康。这一点可以先从包容的态度着手训练，以不分高下的平等心，接受一切人和事，长此以往，管理层能做到虚怀若谷，机构亦能广纳人才，如此方可拥有健康、持久的发展，才可达至事业的理想目标。

通过持久的佛法修行(参考第七章)，我们的心灵便能活在当下，不被过往的挫败所困扰，亦不致耽溺于对将来成功的臆想中，而只一心专注于处理目前的事务。**透彻认识当前存在的条件，以过往的经验作借鉴，为将来的目标作周详的计划，以承担的态度来坦然面对一切变化。**即使泰山崩于前仍不变色，就如《肇论》(见附录)道：

    "旋风偃岳而常静，

    江河竞注而不流，

    野马飘鼓而不动，

    日月历天而不周。"

在如如不动、心无恐惧的心境下,所作的决策必然较少偏差,判断也更正确。

情绪的认识和处理:"十二因缘"

理想的机构运作模式,是在和谐的团队精神下进行的,员工以无我的态度互谅互让,要达到这个理想,就涉及处理情绪的技巧。我们从"四圣谛"的佛学要义中学会处理问题必先认识其成因,否则只能治标而不能治本,如果毅然把情绪处理掉、压下去,或敷衍了事,恐怕将来情绪爆发起来,将变得更加剧烈,甚至一发不可收拾。**其实管理工作的最大敌人就是自我,若我们真能认识自己身心运作的规律,先把自己管理好,不但能增大事业成功的机会,也能确保大家获得真正的快乐。**

佛教指出,万事万物的发生都依于因缘条件而成,日常的喜、怒、哀、乐亦是这样。故此,即使是处理及解决心灵上的问题,我们也须先弄清楚问题的成因及其所涉及的条件。佛陀将生活中所发生的每一件事及其所衍生的感受和观感,很有系统地分析为十二个互相紧扣的环节,即

"十二因缘"：无明、行、识、名色、六入、触、受、爱、取、有、生、老死。这使我们能以有效的方法来了解心灵问题，最终达到止息烦恼的效果。

"**无明**"就是指人在一般情况下缺乏醒悟觉察的能力，产生了"**行**"为意欲，开始有意"**识**"地运用他的身心（"**名色**"），并使用他的感觉器官（"**六入**"）去探索外在的环境，就在与外界境象接"**触**"的时候生了感"**受**"，由感受而生起"**爱**"或憎的情绪，依于这些情绪而对外境有所执"**取**"偏见，并将这个外境对象定性下来，客体化以为固定实"**有**"，而随之"**生**"起很多念头，计较名利得失，想像善恶好坏，直至心念淡化消失（"**老死**"）。但这些已种下的心理能量（业因）并未完全消失，而是埋藏在我们的心底，倘若它遇到顺境则再生贪婪，在逆境之时则再生瞋恨，患得患失则再生愚痴。人的心念就此不由自主地流转于十二因缘的老死及再生的循环之中。以图像表示（见下页）：

这里利用一个譬喻来解释：有位女士正在办公室工作，她瞥见上司正向她的方向前来，在短时间内内心产生了一连串反应：

在经济低微及失业率高涨时，她下意识地很紧张这份工作（无明），

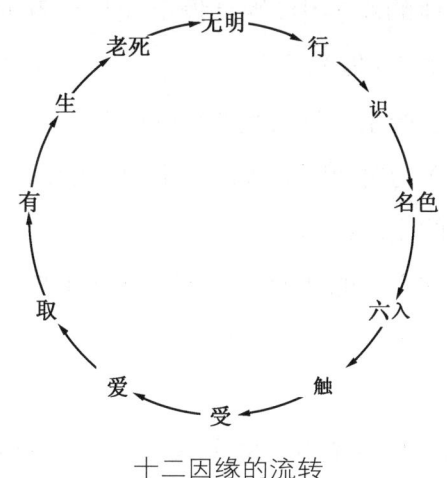

十二因缘的流转

担心着上司怎样看自己的工作能力,要尽量迎合要求,不可开罪他(行),

现在看见上司正要朝向这边来(识——眼识),

身心就马上起了变化,霎时紧张起来(名色),

一方面要专心工作,一方面又想知道他是否在留意她(六入——眼及意),

这时上司在她面前经过、慢下来、望她一眼(触——眼的接触),

内心立刻产生战战兢兢的感受(受),

如果感到上司面带笑容,心中便感宽慰(爱);相反如面带怒容,心中便感害怕(爱的反面),

从他的欢容中,她觉得上司接受和认同她的工
作能力(取),

内心产生一种自我的陶醉(有),

很多与"自我"有关的,例如可能升职、加薪等,烦
恼的生起(生),

但这心念的转变,不会维持长久(老死),

因为她还要继续工作。

从这例子可以看出,每个人的行为活动(身)、语言
说话(口)、起心动念(意)都会在自己或别人心中种下
一些种子(业因),在不同环境的助缘条件下,这个业因
会导致以下四种情况:或是自己立刻的反应、或是他人
立刻的反应、或是自己将来的思维和行动、或是他人将
来的思维和行为。

如果上司能够给予合适的鼓励和赞赏,员工心念便埋
藏了好的业因,便会向正面流转,对上司以至整个机构产
生好感,在条件适当时激发起员工的积极性,从而增加他
的工作效率;但若上司指责或贬低员工,员工心念埋藏了
恶的业因,便会向负面流转,在条件具备时诱发起员工的
破坏性,影响机构的运作。

假设过往种下的业因是对某人有坏印象，下意识从负面来看他，对他总感到不满，诸多批评，诸多挑剔。这样便产生恶性循环，加深了业因，也加强了坏印象，再看他时也只会采取更敌视的态度。其实这个人是好是坏也没有定数，是空的，仅由于双方过往互相种下的业因而定。假如另一个人和他一起种了好业因，便总觉得他是好的，事事看得顺眼；另一个与他完全无关的人，即相互间没有种过任何业因，对他一举一动无动于衷，甚至不觉得他的存在。根据"十二因缘"的流转，从"受"而衍生的"爱"（或憎）是由于当时或从前种下的业因所产生的结果。

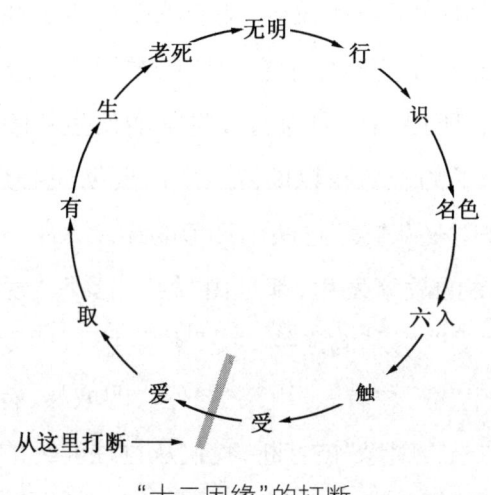

"十二因缘"的打断

"十二因缘"的流转使人将自己的想法和观感投射进

现实中,无法对现实环境作真正的了解,很多时候便会作出错误的决定,亦会大大降低工作效率。为了能确实地认知现实环境而不被过往的业因所影响,我们必须打断"十二因缘"的连续。

如何才能有效地运用心智,使它不再营营役役,飘浮于心念的生死之流呢?我们须对身心经常保持念念分明的觉察。不独在禅修的特定训练里,即使在日常生活中也需如此。像上例在办公室的那位女士,如果她对生起的念头和触境而生的情绪均能保持高度觉察,即在接触到上司的脸部表情时,不产生感受,即使感受产生了亦不会胡思乱想。如此她便能避免杂念和情绪的干扰,专注于工作,效率亦会有所提高。因为通过觉察能使生起的念头得以止息,止息了的念头得以断除。所以要摆脱心念的流转,最好从打断"受"、"爱"这两个环节的连续入手。我们一生中有数不尽的故事发生,都是由"触"、"受"、"爱"、"取"而来。打断"受"、"爱"的连续,"受"不衍生爱(即爱尽),跟着便不会产生"取"、"有"、"生"、"老死",即取尽、有尽、生尽、老死尽。"十二因缘"被打断,我们从过往业力的连环锁链中得到解脱,心灵更为自主,工作更有创造性。

故此,当别人不友善地对待自己,或胡乱批评"我"时,我们不应采取以牙还牙的手段来即时反击,这样只会促进恶性循环,加强了恶业的力量。我们应先冷静下来,会否我们以前对他也有过不友善的行为,在他心中种下了恶的业因,才引致他现在的行为? 为了避免以后产生更大的苦恼,我们在可能的情况下,应尽量以德报怨,在他心中种下善的业因,将来在适当的机缘下发芽成长,大家相互之间的看法便会从负面转向正面,恶性循环亦变为良性循环。

有位在广州的朋友,以前和我并不相识,他写信来告诉我他的经历:他和别人结了怨,想来想去总是愤愤不平,心中郁结无法解开。后来听到我有关十二因缘的解说,令他醒觉到需要反省自己在那个怨怼中所种的业因,猛然发觉自己其实也应负很大责任,于是他尝试改变自己对那人的看法和态度,没想到那人也很积极地回应,大家也就言归于好,重新再做朋友。

所以,无论身为上司或下属,遇到不如意的人际关系时,都不应抱冤冤相报的心态,而应尽量隐恶扬善以消除过往的恶业。否则,种下的业会使心念追随"十二因缘"流转,在人事摩擦中不断降低工作效率,连基本效益也会随之失掉。

在企业运作中,管理层对事物不应有善、恶、爱、憎的先入为主之见,这样行为便不会受到过往的成见所左右,所作的决定亦会更为中肯。大学里,有些教职员或学生对校政不满时用大字报来批评,甚至采取一些更激烈的行动来表达。校方并不作即时回应,而是首先对每一个投诉作较全面的调查,然后才作出更清楚的解释,如可能的话,再按各人所提的意见加以改善。在个别情况下,校长亦可能会面对个人的批评。无论批评背后的动机如何,我亦尽量不执著自己的感"受",不生愤恨,希望在平和的气氛下作适当的解释,让他们也了解政策背后的因缘条件。当大家能明白事件并非表面看来那般简单时,大多会更愿意合作,并彼此增加互信,业向负面流转的机会亦随之减少。

佛教智慧就是要能放下"受",从而减低"业"的负面影响,将潜在破坏性的记忆转成建设性的。经常修行"六波罗密多"(详见第七章),通过布施、持戒、忍辱、精进、禅定、般若等力量,将善的种子植入自己及他人的心田,一点一滴地累积起来,为我们的人际关系奠定良好的基础,也减除了过往导致失败的种子,增加将来事业成功的机会。

假如人们没法摆脱烦恼,任由负面的种子滋生蔓延,使行为、情绪和思想都带有破坏性，他们便无法建立良好的人际关系，得不到所需助缘，事业也就不容易成功。因此，我们需要努力修行以放下"受"及其所衍生的"爱"，重新思考烦恼的根源，问题便可迎刃而解。为了将来事业的发展，我们要广结善缘，多种善因，以建立良好的人际关系，增加事业的成功机会。

明白"十二因缘"后，管理层便应以身作则，抑止以牙还牙的作风，尽量推行以德报怨的机构文化。

　　故此决策不能锁定在固定的框架中,而须灵活地考虑各种不同因素,弹性地因应改变的条件来制订制度。

第六章　如何面对变化无常？

世事变化无常,市场、政局、人际关系等都是变幻不定的。成功的企业即使实力强大、资金充裕,但也不能保证事事顺利,常常成功,新产品在遇到估量不到的市场变化也许会遭受失败。故此,管理人员应以无我的态度,对成败得失,处之泰然。在成功之时,不因一时所得而心生骄傲;在失败之时,亦不因一时所失而自暴自弃。能有这样的智慧,情绪便不易受环境变化所影响,便能看得更准更远,自然可以坚定地领导员工迈向目标。

《心经》在这方面给我们很多启示,以下逐步探讨。

时局常变：法无我

《心经》:"舍利子! 是诸法空相,不生不灭、不垢不净、不增不减。"

我们将《心经》应用到管理上，便容易明白企业运作的种种现象都是空的，没有不变的本质，**故此决策不能锁定在固定的框架中，而须灵活地考虑各种不同因素，弹性地因应条件的改变来制订策略。**

一个机构或企业的存在（生灭）并不是永恒的，不会存在"生"的便永远是生、"灭"的永远是灭的情况，它要视乎环境状况而变化。现今社会发展迅速，企业更需因应环境而调整策略以得到优势。面对身边出现的新竞争对手，倘若无法因应环境及早调整策略的话，便会遭到淘汰。企业管理层应明白各个机构不断的存在和消失（或扩张和收缩）是必然的现象，是切合社会经济发展现象规律。不可以由自己单方面决定，须因应市场的需要，例如：产品设计上，要因应市场的不同需求来设计不同素质的产品，假如管理层没有合适的市场策略，即使素质最高的产品也难以为公司带来利润。因此，策略必须按市场变化来调整，才可以设计出合适的产品，令企业发展表现出色。

企业的表现明显反映在盈利上，那虽然可以被量化

(增减)为量度的标准,但这标准也需视乎当时的社会环境。例如,以前楼价不断上升,拥有房子数量愈多的人也就愈富有;可是随后楼价不断下跌,房产甚至成为负资产,拥有房子数量愈多则可能负债愈多。在处理数据时,不可单看表面的数字,而应多了解它的根据。

所有管理方法和程序本身是"空"的,并非绝对的有用或无用,而在乎于怎样运用合适的方法处理不同的情况。有些看来是短暂吃亏的方法却会得到长远的利益,塞翁失马,焉知非福;反过来说有些看来马上得益的方法,却会带来长远的弊处,塞翁得马,焉知非祸。

我们要明白,企业运作不一定是个"零和游戏"(Zero Sum Game),即你的增多会导致我的减少,如公司多为员工付出便会导致利润减少,很多实例证明一加一可以得出大于二的结果,有效率的企业运作更是如此,例如:香港现有政府资助的八所大学都在竞争资源和学生,倘若各个院校都能各自制订清晰的使命和确立发展方向的话,大家便可以通过深化合作善用资源,如在科研方面大家可以互相取长补短。即使在筹集经费方面,也并不是说你多得便减少我所得,因为一起筹款会提高社会人士对这方面的理解,带动整个社会捐款的气氛,使大家同时有所得益。从合作所带来的协同效应会令院校、学生、社会都得到益处。

$$1+1>2$$
相赢的协同效应

这种缘起的相互依存、相互发展的情况不单反映在机构的内部,也同时反映在环境四周,即顾客和商户的关系上。商户对顾客不应采用杀鸡取卵的做法,而应待之以诚,对服务的承诺、质量予以保证,这样优质服务能令顾客向往,导致生意兴旺。

即使是竞争的情况,也依于缘起的相互依存性,而不仅是竞争对手之间的比拼争斗。当机构面对强大的竞争对手时,管理阶层必须急谋对策,以扩大生存空间,他必须改善自己的业务运作,甚至要借鉴对手的长处,以提高自己的竞争力。在提升自己力量之余,也提升了行业的整体服务素质。长远来说,通过良性竞争,还可以为现有的市场,吸引更多顾客,扩大后的市场,对自己和竞争对手均有所得益,所以良性竞争常常是促进行业发展的原动力,这样的例子屡见不鲜。据报载,最近在香港南区就有这样的实例:有五十多家商户放下利字当头的想法,不再斗得你死我活,一起为贫困家庭提供优惠,原来只想做一点善事以回馈社会,但由于他们大方的付出,反而吸引更多居民光顾,使生意额大增(见附图)。

转载自星岛日报二〇〇四年五月三十日

　　决策者面临竞争的时候,应用更宏观的全局观,才能在变化无常中制订合适的策略。万物总有存在的法则,管理的形式和标准都只是按变化而作出的设计,它们依因缘而生,依因缘而灭,不可能永远一帆风顺。依照《心经》的指导来管理企业,成功的机会虽较大,但却不可能绝对。不过用佛法智慧来把心灵管理好,我们办起事来就更心安理得,无论境况或顺或逆,身心皆能保持清净祥和,这才是真正成功的人生。

管理心灵和管理事业一样,方法同样不能一成不变,故佛教有八万四千(很多的)法门都可以达到觉悟,《金刚经》说:"无有定法,名阿耨多罗三藐三菩提。"(参见附录)明白诸法空相,法是因应不同的人与环境而产生不同的结果,不会固定不变,因此不应执著于任何方法,这就是佛教术语所说的"**法无我**"。

辩证分析:不执著

接着,《心经》以一系列的"无"来教导我们不要执著。在探讨经文之前,我在这里先讨论"不执著"。很多人误解佛教的"不执著",以为就是采取无所谓、浑噩放任的人生态度。其实"不执著"是指不为过往的认识所局限而如实地观察事物。就以学校管理为例,假如发现有些老师不称职、不尽责、甚或误人子弟,那怎么办? 首先,作为校长,不能因为执著自己的偏见或权力而贸然从事,要客观深入调查。虽然每人都难免有些个人立场,但亦应努力尝试站在该位老师的立场去看整件事,综合两者的观点来找出事实的重点,才能作出理性和明智的决定。虽然最终的决定与原先的判断看来或许是一样,但在精神上却已经过了一个正、反、合的历程。"正"就是最先个人原来的立场;"反"就是透过对方的角度去理解整件事情;"合"就是既非执著个人立场,亦非执著偏袒对方,而是找出事实的重点,再作出客观的决定。

不执著自我的欲望,不执著过往成功的经验,这样,管理层才可以带领团队,以人为本朝向正确的事业目标前进。

《心经》:"是故空中无色,无受、想、行、识。无眼、耳、鼻、舌、身、意,无色、声、香、味、触、法,无眼界,乃至无意识界。"

那就是为了破除人们的执著,再次指出我们的身心、外界境象,及我们的思维意识,都在不停地变幻着,没有一个实质固定的我存在。

从前,有个小朋友读到这段经文,很觉诧异,以手扪面问师父:"我明明有眼、耳、鼻、舌等,为什么经中却说没有呢?"师父很赞叹他的好奇心,对他说:"我没有能力作你的师父了!"于是指示他往五泄山跟灵默禅师剃度出家。他出家后多方参学,终于开悟并成为曹洞宗的开山祖师之一。这位小朋友便是后来的良价悟本禅师,曹洞宗的

"洞",就是以他家乡瑞州的洞山为名的。

在现象的变化无常下,一切有形的物质财富或无形的精神力量都不会固定不变,故此亦没有实质的自我、环境对象、管理知识。

我们的眼、耳、鼻、舌、身、意是无;它们所接触的外界对象色、声、香、味、触、法也是无;因而衍生的六种识别眼识、耳识、鼻识、舌识、身识、意识亦是无。这是说,自我、对象和意识是不会固定不变的。譬如,同是别人一句赞美的话,在心境开朗时听起来是衷心欣赏,但在心情烦躁时就可能以为是奚落讽刺,可见说话本身是"空"的,是无实质性的,对说话的演绎是由于听者的过往经验影响了当前耳识,故此不同人会从相同的声音得出不同的结果。

有一个笑话,从前有个主人请客摆酒,看到开席时间已差不多,可是宾客还没有到齐,感到焦急于是说:"应该到的人还未到。"已到的宾客听到后以为他的意思是不应该到的人却先到了,觉得不是味儿,一半客人就告辞走了。主人更感焦急,于是说:"不应该走的人却走掉。"余下的宾客以为他的意思是应该走的人却没有走,更觉不是味儿,也匆匆走了,只剩下数个老朋友。老朋友告诉他这样说话很容易令人误解为反面的意思,不明白他的真正意思。主人也很认同说:"对!不应该明白的人却明白了。"至此,老朋友也忍无可忍,唯有一走了之。**因此,在沟通的时候,我们应留意语言在不同意识下所产生的不同影响。**

我们对周围环境的看法受到既定的观感所影响,从之而得出的知识也就没有绝对的客观性,在此情况下万万不能执著自己认为的正确性而贸然作决定,应多从种种不同的条件推断,再下判断。

《心经》:"无无明,亦无无明尽,乃至无老死,亦无老死尽。无苦、集、灭、道。"

这就是要破除我们对法的执著,再次体证"法无我"。

"无无明,亦无无明尽,乃至无老死,亦无老死尽"是没有"十二因缘"的流转和还灭,意思就是待我们对"十二因缘"的理解和运用纯熟,已经可以不自觉地应用于日常生活中的时候,便不应该再将它停留在意识层面上作为理论概念的推敲。佛教要求凡事要中道(见附录),不可过火,即使我们以善心来结善缘，假若流于过分、做作，反而会引起别人怀疑，得到相反的效果。故此，佛法修行讲究中道、要自然，最终要把理论概念一并放下，所结的善缘在现实生活中自然地运作。

"无苦、集、灭、道"也是一样，一方面我们要认识问题的成因来制订特定的方法，但另一方面也不要对"四圣谛"这方法有所执取。由于环境经常变化，问题（苦）固然会变，即使看来也许和过往的一样，但它的成因（集）也不会同于过去。故此，所制订的目标（灭）、执行和检讨（道）也不可能固定不变。

《心经》："无智亦无得。"

企业决策者制订了创业的理念，其中包括增加物质财富和精神财富的目标。管理层不断努力，从经验中掌握种种管理智慧（智），并且达到了目标（得）。但是，所有掌握到的"智"慧和"得"到了精神和物质的财富，都不能作为实有或作为个人的东西占据，因为它们都是会变化的，今天的得着，可能是明天的失落。**当一家公司业绩达到顶峰时会建成一套成功方程式，但这同时也播下了失败的种子，**

因为它太注重成功方程式,僵化了决策和行政,无法适应外在改变的环境。

其实,我们可以利用事业成功的机会,多与别人分享,将企业盈利公平分配给不同贡献的员工,将管理知识和技巧公开交流。在交流中自己也学到新东西,或得到新启发,自度度他。

倘若执著于"智"和"得",便很容易封闭自己,无法获取新的领悟。像中国古代的梁武帝,他是一位虔诚的佛教徒,建了很多佛寺并供养了很多僧人。有一天,他遇见达摩禅师——禅宗在中国的第一代祖师。

梁武帝问他:"我建寺、供僧无数,到底有没有功德呢?"

达摩回答:"并无功德。"

梁武帝再问:"什么是圣谛第一义?"

达摩回答:"廓然无圣。"

梁武帝追问:"对着我的又是谁呢(难道你不就是有智慧的圣人吗)?"

达摩回答:"不识!"

达摩的回答就是无智亦无得,但梁武帝心中却是有智、有得。无疑梁武帝所曾做的都是好事,种下了好的业因,将来可以得到好的果报。但他却执著过往的善业,无法再容得下更高深的佛法。两人话不投机,也就没法再交谈下去。

很多人将智和得固认为他个人所拥有,倘若告诉他们因为这些是无常的、会消失的而要放下,他们自然会抗拒,无法接受。这是由于过往的成功令他们心中有着更多的挂碍。其实,我们应该明白增加的财富和名誉,一方面是由于个人的智慧,另一方面却是由于员工群策群力的协助模式。在事业成功之余,《心经》指导我们应将人生的目标提升至更高层次,以利人利己、度人度己为贡献社会的理想目标。当我们不再以己之乐为乐,而以天下之乐为乐,便能体会无智亦无得的意义所在。

最后,《心经》说:"以无所得故。菩提萨埵,依般若波罗蜜多故,心无罣碍。无罣碍故,无有恐怖,远离颠倒梦想,究竟涅槃。三世诸佛,依般若波罗蜜多故,得阿耨多罗三藐三菩提。故知般若波罗蜜多,是大神咒,是大明咒,是无上咒,是无等等咒,能除一切苦,真实不虚。故说般若波罗蜜多咒,即说咒曰:揭谛,揭谛,波罗揭谛,波罗僧揭谛,

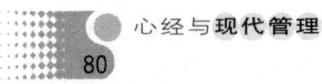
菩提萨婆诃!"

"菩提萨埵",即一般简称的"菩萨",这里代表能"自利利他"的管理人员。

作决策的时候,人们往往因为有着如个人利益、名誉等等的挂碍,无法弄清方向,不能专注于正确的目标,当问题出现时亦无法洞察产生问题的原因。找出原因、制订解决方案和执行,这些都需要心无挂碍地坚决贯彻始终,可是我们却常常因为突发的事情而干扰了情绪,失去了原来的方向。

有个故事说,一位禅师非常喜爱自己所栽种的兰花。有一次要出外远行,临行前嘱咐弟子要好好照顾寺里的兰花。弟子们小心翼翼按照禅师的指点,可是,有一天,弟子们在浇水时却不小心碰倒兰花架,所有的兰花盆都跌碎了,毁坏了的兰花散遍地上。弟子们非常恐慌,打算等师父回来之后领罚。禅师回来后,不但没有责怪他们,反而说:"我种兰花是用来欣赏,而不是为了生气的。"与禅师相反,在日常生活中,我们牵挂得太多,太在意得失,所以情绪常常起伏不定,以致失掉原来方向。如果我们在生气之际能够像禅师般想想:"我不是为了生气而工作的。"这样或许能弄清决策的主要原因和目标,不让无关企业运作的东西成为心中挂碍。

切莫误解以为心无挂碍就是什么事情也不用心做。恰恰相反,真正做到心无挂碍,是要尽心尽力把各种事情都做得尽善尽美。**若我们能把时间分配好,把工作、健康、亲情、友情都能平衡好,这些不同范畴的东西便不会在我们心中凌乱交错成为挂碍,反而会有条不紊地自然运行,成为良好的助缘,间接帮助事业成功。**故此,**好的管理就是先要能管理自己的心**,把力量均衡地配置在不同范畴,这样一切便会按因缘随顺而行,互相增益。

管理层依据"空"的智慧,空掉心中成见,空掉自己的得着,心中便没有挂碍,可以作出正确的决定。依据正确的决定,便再没有任何恐惧,撇除任何不切实际的想像,能够均衡地克尽己任,处理事务便能完全心安理得。

到彼岸的智慧就是空的智慧,空的管理就是有智慧的管理层的座右铭。应用它就能帮助我们解决一切烦恼,亦可将充满人本精神的事业,提升至不同层次的成就,这才是真实而没有虚假的成就,才能享有人生的大智慧!所以,我们应该一起努力,用心把心灵掌握好。

心灵的素养需要我们静下来、慢下来，多向内观照，觉察心中每个起心动念。

第七章　一些修行体验

怎样才可以在管理上体证"空"呢？除了在平常多看佛经和吸收有关管理的知识外，还可以通过佛教一些特定的训练，加强我们体证空的意义。在这里，我和大家分享一些个人体验。

以前的我，为人较主观，常从自己的角度作判断，依从个人的方式下决定。纵然决定有对亦有错，自己却很执著得失，介怀别人的批评。经过十年来的佛法修持，才发觉自己有所改变。现在较能以平常心看事物，在接触事物时，常使自己不先作惯性反应，不即时拥护或排斥任何意见，尽量多加观察，多考虑各方的立场，综合各方面的理据。这样做判断和决定虽然仍未必能百分之百满足全体人员，但总的来说也能以重大的目标和长远的利益为依归。

帮助我去除执著的修持就是坐禅,它可以洁净心意中的污染,使我们能真正感受内心世界,这样妄念便会减少,情绪平静下来,思想亦更明晰。久而久之,我们在日常活动中亦可以抽离一点观察环境实况,这样的训练可使我们面对事情时能有明智的认识和作出较冷静的决定。

心灵的素养需要我们静下来、慢下来,多向内观照,觉察心中每个起心动念。日常生活需要感官(六根:眼、耳、鼻、舌、身、意)和外界对象(六境:色、声、香、味、触、法)不断接触,从而产生相应的识别能力(六识:眼识、耳识、鼻识、舌识、身识、意识),我们的行为、情绪、思想不知不觉间被外界牵着走,很多行为(身)、语言(口)、思想(意)的活动并不常常依从自己的心意。坐禅训练使我们能更多认识内在的自己,减低外在环境的牵引力。

虽然以我目前的修为,与佛法的理想境界还有很大的距离,不过我很乐意将一些曾经练习过的实修方法介绍给各位读者参考。佛教有很多法门,这里介绍的只是其中几个,大家可以多作揣摩,以选择比较适合自己的方法。

持诵《心经》

持诵《心经》是一个最方便的法门。《心经》除了为我们指出修行的路径外,它本身还可以作为一个方便法门,经常持诵它往往会收到意想不到的功效。至少可以平和我们的心境,减少烦躁。大家不妨尝试于早晚抽点时间,找一个安静的位置坐好,将种种杂务和思虑暂且放下,静心诵读《心经》经文数遍,持之有恒者应可舒缓压力,清醒头脑,此亦不失为一个方便的静心方法。这亦能促使我们去领悟经文中奥妙的道理,并应用于管理中,使物质财富和精神财富有更大的收获。

数　息　法

数息法在中国地区较为流行,现简介如下:首先,找一个安静的位置坐下来,最好盘腿而坐,自然地呼吸吐纳。然后,将注意力集中于鼻尖上,由于一般人的呼吸都是呼气时间较吸气时间长,习惯上只数呼气的次数。开始呼气时数一,吸气后再第二次呼气时数二,如此直至十次后,再重新由一数起,周而复始。初学者开始时会妄念频生,往往数了数下便忘掉数目,心意不知跑到哪里去,但只要持之以恒勤加练习,我们的集中力便会加强,心也能稳定下来。

<h2 style="text-align:center">慈 心 禅</h2>

前面已讲解过慈悲对待众生达成自度、度他的重要性,这里介绍慈心禅的修习来提升我们的慈悲心。先盘腿坐下来,开始时,在心中默默祝愿自己身心如意得自在,一直持续至自己感到愉悦或是已觉足够为止;接着,在心中默默祝愿自己喜欢的人也身心如意得自在,一直持续至自己感到足够为止;然后,在心中默默祝愿自己不喜欢的人,也身心如意得自在,一直持续至已感到足够为止;最后,在心中默默祝愿世间的一切众生也身心如意得自在,一直持续至已感到足够为止。这样就完成了慈心禅的修习,倘若时间不许可或是感到困难的话,则可以随意选以上四节的其中一节完成练习。

这样的修习既可以令身心松弛,亦可以增加我们的慈

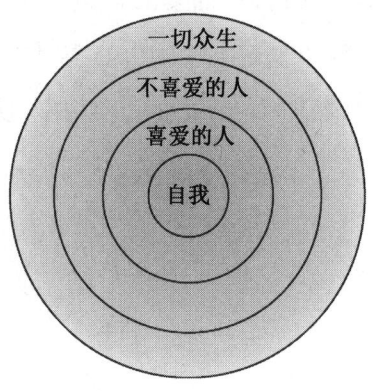

慈悲扩大　自我收缩

悲情怀并缩小自我,使我们更能包容一切人事,对初学者
来说是一个很不错的练习。

宣隆内观禅

　　除一些较轻松的训练方法外,我们亦可以做一些较艰
深的训练来更有效地提升心智,在这里分享一下个人修习
宣隆内观禅的一些体会。

　　先用一个较稳妥的姿势盘腿坐下来,持续一轮快速且
强劲的呼吸(约四十五分钟),如此便能摒除一切杂念并能

高度专注。然后,停止快速呼吸而回复正常呼吸。这时身体因久坐而产生的痛是很尖锐的,我们把注意力专注在最痛的地方,心中坚持着不要抗拒、排斥。很多人到此可能会放弃,只要能坚持专注,我们最终能"如实知"地观察到痛纯只是一种感受,不加主观的判别,身体便能够长时间稳坐不动,心中亦不再生起抗拒和逃避的念头,人与痛觉浑然一体。心中不再执著"我在受苦"的想法,而达至"无我"的境界。这既是一个考验,也同时是一个训练,它能提升个人的警觉力,使我们面对逆境时心仍不为所动。透过正念及正定,对痛的感受只是一种纯粹的感觉,不生起排斥的情绪(爱的反面)。在"十二因缘"中的"受"衍生"爱"的联系便被切断,便不会生起继后"取"、"有"等烦恼。

这是一个很有效的培育心智的方法,使我们日常面对环境时能断除爱、憎,作决定和行动时也较冷静和理智,但它需要坚忍的精神,不怕艰苦,努力精进才能取得效。

六波罗蜜多

六波罗蜜多就是六种度脱苦海的方法,概述如下:

一、布施,把东西赠予需要的人,可分为:金钱物质上
的帮忙(财施)、精神上的支持及安慰(无畏施)、
人生哲理的启迪(法施)。

二、持戒,遵行佛陀制订的规矩以保持行为(身)、语
言(口)、思想(意)的清净。

三、忍辱,又称安忍,面对顺境或逆境时均安住不动。

四、精进,努力不懈,使善法增长,恶法消失。

五、禅定,又名静虑,通过心念高度集中以觉悟真理。

六、般若,梵文音译,普通话读作"bō rě",解作能如实
认识事物的智慧。

这些修行可深可浅,我们可以由浅入深,点滴累积,最
终还是会有所成就的。这里不详细解释每一项,仅介绍在
日常生活中较多机会实践的,例如布施:有人需要金钱,便
量力帮助;有人需要精神上的安慰,也可尽能力给予慰问;
孝顺父母、尊敬师长,对朋友的义气也是布施;甚至简单如
说声早安,给一个笑容,使人快乐舒服,都是一种布施。持
戒:从生活的实践来说就是避免犯错,遵守国家、地方及企
业机构所定的律例,都是我们应该做到的基本操守。禅
定,多给自己一点安静的时间坐禅,也是一个很好的开始,
当我们慢慢习惯了,便可以培养起定力来。从布施、持戒、

禅定开始,这应该是任何人都可以做到,而且也是易于见效的。这些都有助于我们改善待人处事的态度,能广结善缘,将来得到意想不到的支持。

以上这些方法是个人的一些经验,大家亦可以从其他地方学习另一些适合自己的方法。选择方法时不要贪得务多,开始时应该深入一门,亲自体验了解其作用,才不至于盲修瞎练。大家也可以参考下一章中的嘉宾(如李焯芬教授)所讲的修法。

听听香港佛教界高僧大德的独到见解，必定能有所获益。

第八章　嘉宾体会分享

　　前面谈过《心经》与现代管理,在这一章中,我们访问了一些资深的佛友,他们服务于不同业界,包括:佛教界、教育及工程界、工商界、医疗界,他们既有精湛的佛学造诣,弘法亦不遗余力,实在是香港佛教界的高僧大德。他们的独到见解,将使大家能从不同的角度了解如何将佛法应用在不同的领域中。

衍　空　法　师

——关怀你的心

　　衍空法师于一九九〇年在圣一老和尚座下出家,一九九四年在英国伦敦大学修完宗教研究硕士课程。法师专长于对应现代社会的境况来弘扬佛法,除了主创香港大学佛学研究中心和担任授课外,亦是香港医院管理局"心灵

绿洲"计划的顾问;同时,衍空法师创办了"觉醒心灵成长中心",以"关怀您的心"为口号,呼吁及协助世人好好照顾至为宝贵的心灵。法师发表的文章涵盖佛学、心理治疗、教育及个人成长等范畴,最近还编著了配合中学会考佛学科新课程而出版的教科书《正觉的道路》。

潘宗光教授:空师,你致力推动佛教和培育青年慧根的成绩是大家有目共睹的。据我所知,在出家之前你已是一位成功商人,拥有一个美满家庭。那你是如何在一般人梦寐以求的生活条件下,出家为僧呢? 请您为我们现身说法。

衍空法师:二十年前,当我还是一个普通商人,偶然的机缘下在大会堂听到《金刚经》的讲解,始对佛教产生兴趣。后来老师建议采用教学相长的学习方法,所以我便开始学讲经和认真研读经教。那时还培养坐禅的习惯,有空更参与善终服务的义工。如此过了几年,股票行的事业为我提供了不俗的收入,但它为我提供了物质满足,却未能满足内心对精神和灵性成长的需要。虽然当时我拥有自己的事业,但发觉生命已到了一个十字路口,感觉需要在佛教和尘世事业中择其一为终生工作。经过反复的思考,我更清楚认识到物质上的成就并不是我的理想,明白到唯有在佛法修行和对众生的关怀里才能找到人生的出路。所以我决定出家。

潘:佛法是微妙不可思议的至高智慧,佛陀向我们启示后,不但于我们的精神上有突破性的启引,在生活上也直接孕育了中国悠久的文化,使音乐、文学、艺术和建筑等方面皆得益彰。可是相对而言,佛教至 21 世纪的今天却被这份文化资产所桎梏,而令现代青年才俊却步,以为佛教是老套迷信。我认为需要一些方法把佛法人间化和现代化,才能把佛教推广出去,让更多人能认识和了解佛教。

反观其他宗教,如天主教和基督教,都把其宗教推广得很好。如神父们把古老的拉丁文经文译为英文,信徒由听不懂和抗拒而转为感兴趣和积极参与。还有把古典诗歌改为流行曲,令宗教歌曲由刻板、沉闷转为活泼和流行。他们处理宗教生活化、人间化的方法,都是值得佛教徒借鉴的。

我知道空师弘扬佛法不同于传统的方式,很现代化和很有创意。是什么因缘促使你建立这样的一套独特风格?

衍:一次偶然的机缘看见伦敦大学有宗教硕士课程,觉得课程内容有趣便报读了,最后取得学位。其间,我领会到可以用不同形式演绎佛法,更亲身接触到世界上不同派别的佛教。及后回港继续弘法工作,并吸引了一群忠实的信众。那时身边有一班努力学佛的善男信女,但我见他们仍没有办法面对和处理生活上的压力和逆境。至此,我发现了信徒对佛法的理解和应用都未能落实到生活上,二者之间有一道断层。心中便萌生了一个意愿,希望能找到一个更善于演绎佛法的方法。

后来我读到丹尼尔·高文（Daniel Coleman）的《情绪智慧》（Emotional Intelligence），讲的虽然是西方心理学，但内容无异于佛教教义。西方心理学虽是近年新兴的学说，却因有例证支持论点而为人所肯定和接受；同时，西方学者亦通过种种科学测试来肯定佛法的价值，令两者可以互相阐发。我把握这一启示开始重新包装佛法，以"觉醒"和"心"为弘法的大前提，就如中国禅宗的"直指人心"，劝勉世人关怀和照顾心灵的健康。我现在所推动的"觉醒心灵成长中心"，就是以"关怀您的心"为口号。其实，这与管理学很有关系。由于现今的香港人多于心外寻求自我满足，如金钱、名誉和男女关系，以物质多寡来界定进步，忽略了认识情绪商数（EQ）的重要。但我们作为一个人，是否成功不仅注重学识和财富的多少，心灵的健康和人际关系亦占了一个很重要的地位。世间不如意事十常八九，当遇到逆境时，我们有足够的情绪智商来处理吗？我们应学到于顺境时不傲慢，于逆境时不气馁，能关怀自己，进而关怀周遭的人吗？

一个人的智慧商数（IQ）有很大的先天成分，比较难改进，但情绪商数（EQ）却是可以通过培养觉醒而不断提升。坏脾气的人，察觉自己的坏脾气和坏脾气的坏处，便会开始改进。对别人亦然，如雇主希望推动公司进步，便要觉察员工的需求,继而多同员工沟通和给予鼓励。佛法的目的是帮助人们关怀自己的心和照顾别人的心,达至大众皆能离苦得乐。

潘:我也认为精神的作用无论在事业和生活素质等方面都是极为重要的。特别是时下社会出现很多困苦的现象,如早前的传染病和失业率高企等问题,那就更需要佛法来提供心灵的指引,使我们能面对生活的种种挑战。有些事业成功的人士仍然感到生活不尽如意,请问该采取怎样的生活态度才能令人生变得美满幸福?

衍:世事无常! 在年轻的时候,人生追求的目的都清晰易见,日子特别容易过。但年纪大,多了反思,内心有时反觉一种空虚和不安。这空虚和不安的感觉,往往令人产生"人生到底是什么一回事?"的终极寻求。这是正常和自然的!

但是要处理空虚和不安,乃至解答终极寻求,唯有通过对佛法的理解和修习才能彻底解决。佛法能令人得到真正的心安和自在,佛法是佛陀洞察人、世间而领会到的真理和从而得来的智慧,所以能令人得到真正的心安。世界的物质享受能令人安心,但那是短暂的。唯有通过佛法智慧,明白人世间的真理,学到处理的智慧,继而才能得到真正持久的心安。

有了心安,不等于信佛后便从此一帆风顺、没痛苦、没烦恼,而只是在遇到逆境时,有智慧、有耐力,能从多方面去理解和面对问题,从而保持内心的平衡和安乐。世上没有一个人或宗教,可以保证你在世上不用再面对生老病死等痛苦。我们只能学会如何去面对和处理好它们。

佛法是务实和可行的,在社会管理和心灵照顾方面,更有一套完整的理论根据和实践的方法。例如,以上所说的心安法门,是建基于"觉醒"和"心的关怀"。当我们能觉察和关怀自己的心,心便有自主权,而不是随境所迁。如看电视,剧中人笑,看电视的人跟着笑,那就是心迷于境。有觉知的人不会沉迷于境,例如看电视时能清楚地知道自己在看电视,同时亦觉察到从看电视所生起的情绪,若有需要,就可转台或关机,或以某种态度来分析电视和画面,不会被剧情所牵引。这是迷悟之间的分别,差之毫厘,却谬之千里。面对世事亦如是,人们对境和心的觉察越高、越清晰,自主和转化的能力越大,这就是佛学的关键和好处。

潘:对! 我们应该经常念念分明地观察事物,才不会为境所转,但一般人却是为境所转而不自觉,唯有通过努力修行才可以慢慢改变习惯。对年轻一辈来说,也可以用这方式来帮助他们成长吗?

衍:把佛法传给年轻人,首先要引发他们内心的动力,这与管理学相同。现在青年的问题,是对很多事都提不起劲,没有推动力。所以首先要让他们知道世间的真实情况,如成功人士的幸福生活,让他们知道努力可得到美满成果;亦要给他们知道现实的另一面,如近期砍杀妻儿后自杀或有人做妓女的惨况,令他们知道人生也有一塌糊涂的痛苦情况。让他们如实看见后,引发他们探求成功和失败的原因,以产生推动力,知道"原来我都可以的"。令他们见到真相,明白成功和失败的道理,培养自信心,这样才能发挥年轻人的潜能。

所以,在关怀年轻人时,不用谈太多的道理,应先引发他们的动力。让他们看清现实,不要单靠凭空幻想,也就是佛陀所说的"如实知"。例如青年人希望获得学士学位资格,光希望是没有实质效益的。要知道有"因果",想得到学位,便要把花在玩游戏机、逛街拍拖的时间用在功课上。在这例子中:"果"是得到大学学位;"因"是他对现实如实观察后对自己定下的目标;而因果之间的"缘",就是青年重新把时间和精力用在培育"果"的事情上。

佛教说："一切众生皆有如来智慧德性"，意思是每个人都可以成佛，都可以进步。"缘生性空"，就说明没有人注定只能做贱民，缘是变数，只要有适当的条件和环境，便可扭转局面，坏孩子也可变好孩子。佛教联合会的弘法使者，每逢夏天都举办夏令营，参加的学生素质参差不齐。有一次来了几个染了金发的少年，开始时他们都坐到最后排，对讲授内容没有反应，抱着不屑参与的神情。后来活动开始，我们教泼墨作画，然后用画框将某部分裱起来，结果裱出多幅"毕加索"来。我随喜赞叹他们的艺术天分，让他们从疑惑和无自信而渐渐自我肯定。此后，他们很主动地投入夏令营的活动，即使是较沉闷的讲课，也坐到第一排来全神贯注听讲。由此可见，人的心会转变，只要有因有缘，什么事都可以做到。每个众生皆有佛性，每个人都可以成佛，只视乎自己是否愿意下决心去做。

潘: 从教育的角度来说也是如此，我们应多给年轻人机会，增强他们的成就感和自信心，激励他们，别让他们对人生、社会感到心灰意冷。我以为佛教的推广应从年轻人的教育着手，为他们提供良好的教育，潜移默化，对他们将来的人生也有实质的帮助。空师，据你看，年轻人应该怎样选择工作?

衍：工作不分贵贱，不一定要做大学校长、教授、医生、律师才算高级，人生才有意义。

我记得有个禅宗故事，大意是有一天两位法师出坡劳作，一个问："那山的田高，还是此山的田高？"答道："高有高平，低有低平。"校长与校役都是为学校服务，工作性质和范围是不同的，但各有其工作，各有其重要性和意义所在。

近年社会开放，什么事情都主张公开公平，但公平不等于一模一样。学生也有机会参与学校的行政工作，然而虽有参与的分儿，但学生的本分仍是把书读好。校长亦要尊重和聆听学生的意见和诉求，但学校的管理和最终的责任还是由校长来承担。世间事本是相对的平等，不是绝对的平等。

所以在选择工作时，应知工作无分贵贱，只要明白自己的强项、缺点和喜好，努力去做终获成功的。古时，有一位军医在战场上不断医治伤兵，医好后他们再被派回战场，如果受伤再回来就医。如此过了一段时间，军医觉得医好了的伤兵最后还是死在战场，觉得失去工作意义，便放弃工作，跑到山上跟从禅师耕种劳作，经过了一段宁静的生活,军医醒觉,便说:"我是医生,工作就是医人。"于是愉快地回复他的工作岗位。活在当下,保持醒觉,内心便能得到平安与祥和。

潘:"高有高平,低有低平"也是管理学的理念:平等就是用不同却合适的态度和方法来对待本质不同的事物。(Treat unequal unequally, then things will be equal.)香港人处于高效率的社会中,能否也寻求到这份自我觉察,而得到心安和工作得有意义呢?

衍:香港是一个主要商业城市,行政管理方法为竞争,适者生存,以此达到高效率。保持公司利润的增长已成为神圣不可侵犯的铁律。大部分香港人都在这种高压的环境和制度下生活,因而近年社会出现很多精神衰弱、思觉失调的病例。其实近来已有学者察觉这问题的负面影响,也就是近年管理学学界提出的理论:"工作生活素质(Quality of Work Life)。"这与佛教的中道管理观相呼应:做人乃至工作都不应落于极端。在商而言,想多赚点钱,就要先少赚点钱,这样别人才会有兴趣与你合作,带动互利互助的正面动力大家才有生存的空间。佛教的中道能帮助资本主义取得平衡,从"自觉"和"觉他"的智慧,得到内心的平静和培养出关怀他人的慈悲心,这样社会大众才能享受到持久和真正的幸福与安乐。

潘:这种情况在经济低迷的时候特别严重,有些公司对员工的效率要求很高,但员工的工作寿命却因而变得很短。钱虽然赚到了,但心灵却很空虚。在现代企业管理中,除了物质财富增加外,我们应更注重心灵的发展,这样的工作才会使生活更有意义。多谢空师给我们开示。

李焯芬教授

——菩萨心肠　活在当下

　　李焯芬教授,现任香港大学副校长兼土木工程系讲座教授,中国工程院院士。曾于七十年代移居加拿大,服务于加国电力局多年。在繁忙的工作之余,仍关怀长者,被推选为安老院之常务董事,同时也担任过多伦多中华文化中心主席及加拿大孟尝中文学校校长。一九九四年回港,从事教育工作,同时参与多项社会公益服务,如中国长江三峡水利工程,及出任最近因维港填海争议而设的共建维港委员会主席等。李教授致力于推动人间佛教,现兼任香港大学佛学研究中心管理委员会主席。

潘宗光教授:焯芬,你和我一样都是从事教育及科学研究工作,我们都认为佛教不是迷信的宗教。在《佛教与人生》一书中,我更尝试解释佛教与科学的关系。可否先介绍你是怎样接触佛教和研习佛法的呢?

李焯芬教授:我的佛缘是在九十年代开始的,当时因协助佛光山多伦多道场兴建而接触佛法。我景仰星云大师的人间佛教理念,加上由于工作的关系,当年常穿梭各地工作,每次前往内地长江三峡、四川、云南等地公干时,我都会随身携带佛教书籍及大师讲经的录音带,把握旅途上的时间阅览佛教书籍,长时间累积下来,佛教知识渐渐已溶入思维和生活里。

早期看佛经也有些困难的地方,虽然觉得合理却常常有混乱的感觉。我就按以前做工程研究的方式下手,先搞清楚佛教的历史,弄清各个宗派在历史上所占的地位,这样读起来就较有条理。

潘：你太太也是个虔诚的佛教徒，她一样积极推动人间佛教；但她的兴趣像是集中于推广佛教文化艺术。

李：是的，她从小就是佛教徒，比我还要早得多。她很热衷于推广佛教文化工作，现在任福慧慈善基金会的义工。

潘：我相信你太太给了你很多的支持和鼓励，因为我也是由于太太的体谅和支持，才可以自由地在宗教的领域不断探索寻找，能更加认识自己，最后明白自己所需要的东西。请谈谈你的专业和佛法的关系。

李：我的专业是负责灭灾防灾。由于工作需要，经常进出于灾区，研究及了解灾难发生的机理，总结经验来建筑合乎当地土质承受能力的建筑物。由于经常接触到劫后的伤亡情况，故此很能体会到人生的无常。最使我感触的一次是一九七六年的唐山大地震，我是第一批到达现场的科研工作人员，当地全是劫后哀鸿，死伤遍野。这令我恍然感悟到佛陀所说的因缘观："诸法因缘生，诸法因缘灭。"这样自己心灵才能坦然接受灾难的无常。

虽然土木工程的专业知识可以解决技术上的问题，并可减少灾害所影响的程度。但是由于防灾工程所对付的是自然之母,人工措施毕竟总是有力所不逮的时候,佛学的因缘观则可以令我接受无常的现实。

潘:我亦有同感。灾难有些是自然的,但更多的是人为的,战争对无辜平民百姓所造成的灾难令人更感难过。谈过宗教的感性方面,也请给我们介绍一下佛法的理性方面。

李:佛法的基本真理:因缘观,与科学追因求真的精神很契合。因缘观就像是科学的因果律,由盘古初开天地万物的转化,历朝历代的政治兴替及改革,乃至每人刹那间心识思维的变化,都为它所包容。例如:地震的发生不是无原因的,是由于地壳变动引致应力不平衡;黄土高原水土流失是因为林木长期被人砍伐,植被破坏,欠缺树根抓紧泥土。每个灾难个案背后都有其独特的因缘。因缘观是佛陀二千多年前发现的,却与现代科学相吻合。

潘:我们两人的背景很多相似的地方,都是从事科学研究的教育工作者。说来凑巧,我们亦差不多在十年前,分别接触佛教,各自寻找宗教的精神食粮。你本性平和敦厚,请讲一讲你的心路历程。

李：我多年前在加拿大处理核电及核废料工作,责任重大而艰巨,一切尚算顺利,然而接触佛教以后,我体会到对事物如能有再多一层面的看法,看事可更宏观,做事也更顺利。佛教的"空"使我领悟到"真空妙有"及"空能容万物"的道理,空并不是什么都没有,而是不要有先入为主的成见。

如我在大学负责科研资源分配,文理工医等不同学院各有诉求,要同时满足各方面的不同需求,常出现两难局面。所以我抱着虚心和真诚的态度去聆听各种声音,像《六祖坛经》说:"不思善,不思恶"。以无念、无著的心去听取各人意见,以这样的态度去处理问题和待人接物,困难往往会较易迎刃而解,事半功倍。这样得出的结果反过来也令我领悟到佛法的正确性。

潘：有关资源分配是现在大学管理里最棘手的问题之一,亦是我工作的一个重要环节,我想听听你是怎样将佛法融入资源分配的管理上?

李：香港大专教育过去二十年来,经历了一个蓬勃发展时期。由香港政府资助的大学增至八家,各院校需通过竞争来争取科研经费。相对于美国等先进国家,香港不过是个弹丸之地。要在重大科研领域中有所突破,各院校在竞争之余亦须讲求合作才行。唯在激烈竞争的环境中提倡合作并不容易。

作为负责科研资源分配的副校长,我积极鼓励校内同事与其他院校合作,不必计较由谁来担任科研合作项目的"一哥"。佛法说:"能舍才能得"。舍弃了当"一哥"的光彩,往往会换来很多其他意想不到的得着,许多意想不到的门亦会因此为你而开。科研工作如此,日常生活及工作亦如此。

前面提到了"竞争","竞争"其实是生物界的一个平常现象。"进化论"说:物竞而天择。常言亦道:有竞争才有进步。可是,竞争也确实会给人带来紧张、不自在的感觉,甚至引起一些烦恼。我个人的体会是:要衷心地感谢与我们竞争的各所大学。因为他们的努力不懈,才令我们不至懒散或放逸下来,进而做出更好的成绩。没有"竞争"的烦恼,就没有精益求精、不断进步的机会。佛法云:"烦恼即菩提",实在是至理名言。我们的竞争对手其实是鼓励我们进步的菩萨。我们今天取得的成绩,都是他们帮忙成就的。

潘:你的见解,与我对"色即是空,空即是色"的领悟相同。"空"的智慧使我们能心无挂碍地聆听他人的意见。这亦使我经常强调咨询的重要性,通过广泛的咨询便能较全面掌握讯息。现在,大学间的合作是一个大趋势,大家要舍弃成见,衷诚合作,能舍才能得是真实的写照。也请你谈谈佛法在日常生活上的应用吧!

李:在日常生活中,有一些失意的人,总认为别人成功是由于他们比自己幸运。可是,若懂得因缘观的话,便明白凡事有果必有因。遇到失败的时候,便不必抱怨,而该反省应该具备什么样的条件才行,这样烦恼和压力会随之而减少,成功的机会也会增大。

潘:佛教指导我们如何面对逆境,虽然听来好像很悲观,但其实却很积极。我常常强调过往身、口、意所种下的业因会导致我们现在发生的一切善恶果报,所以我们要勇于接受这些果报,以历史为借鉴,在当下则要积极种善因,广结善缘,使大家都得到更美好的将来。焯芬你身处近年政治、经济动荡的香港,百忙中承担了不少公职,你又是如何以佛法来面对呢?

李:现在香港社会风气动荡、民心不安,映现各种矛盾互斥的现象,我会以一贯无我、无私的处事态度来工作,担任公职的时候,就只从贡献一己力量的角度出发,从不考虑个人的利益。

思想方面,我是以"活在当下"的方式来训练自己。在日常生活中,常常保持专注,了知自己每一刹那的起心动念,要观察到它,才能管理好自己的思维,以便在工作时专注于当前的任务。这种方法好像在按计算机的"清除"键,取消之前的运算,集中于新工作,不回想过往,也不臆想将来。

潘:活在当下这点很重要,道理其实很浅显。可是在这个资讯发达的年代,基于科技发达,一切都互联互动而忽略了专注的重要。以吃一餐饭为例,人们会边吃边看电视,或边和家人聊天,甚至上网、开会或讲电话。结果是极简单的吃一顿饭,却食而不知其味。请给我们多介绍一些你在专注训练上的体会。

李:专注,就像是把频率调准,才能将消息接收清晰,如收音机的频率调校;专注,只是以最短时间得到最理想的预期效果,如掷飞镖时瞄准目标。然而,思想是跳动不定的,有些人选择坐禅来锻炼集中精神的能力,我则以不固定的形式来锻炼专注力。在行、住、坐、卧时,无时或刻都要锻炼保持头脑清醒的能力,才不会被自己的情绪牵走。虽然不坐禅,也能于一呼一吸间,了明自己的喜怒哀乐,对每一刻的思想都清晰了然。

佛教的"活在当下"是很有效的管理心智方法,有很多人喜欢思前想后,但忘却了眼前一刻,或因眼前的境像而失去稳定情绪的能力,即所谓"心随境转"。唯有专注,才能心无挂虑,保持头脑清醒,做人处事都保持平常心,效果自然事半功倍。每个人都做好自己的本分,社会才有正面的凝聚力继而有进步。

潘:这我完全同意,因为我在大学读书时参与很多课外活动,由于已花去不少时间,所以我经常提醒自己,读书时一定要专注,不可胡思乱想,如追忆拍拖时的甜蜜时刻等。否则的话,在短时间的温习中难以得到好的效果。我们还要在工作中、一切的活动中去觉照自己的心。焯芬,你在行、住、坐、卧中都能保持清晰的觉察,心中了了分明,这是把佛法融入生活的好例证。

李:我不敢说自己已完全把佛法融入生活中,但我倒认为佛教有一套最完善的自我教育和管理,提升个人情操和效率的方法。然而这套方法,是需要去实践才是真正属于自己的,如《六祖坛经》"如人饮水,冷暖自知"应算是很好的管理哲学,书本上往往只是概念性的知识。单纯概念的理解,不去身体力行,就会变成俗语所言:"讲就天下无敌,做就有心无力。"倒不如一些不识字的老菩萨身体力行地去"行佛"。知识需要我们去实践,在生活中贯彻,转识成智,才能成为生活智慧。

潘:佛教注重实践,这点我很认同,我相信这也是人生佛教的理念。作为佛教徒,应该怎样做才可以把这些理念推广出去呢?

李:佛教最高的境界是无言说教。宗教理念不能硬销,我们应从自身开始,做好当下的每件事,有机会的话便与别人分享,这样会更易为人所接受。

潘:是的,身教更胜于言教! 很多谢焯芬为我们讲解了这么多,真的很值得我们借鉴参考。曾经有些事业颇有成就的朋友告诉我,他们心中总觉得有所不安,虽然并非什么恐惧,但却无法感到了无牵挂的快乐。希望我们一起在菩提道上贡献自己的一份力量,推动佛教的人间化。

杨钊博士

——粉身碎骨未足酬　一句了然超百亿

　　杨钊博士,企业家,上市公司旭日集团的创办人并执行董事,及二百多间公司的董事,其中不少为慈善团体。穿梭工商战场中修行的他,乐善好施,赞助国内外不少慈善机构,在香港就有佛教医院、志莲净苑和佛教联合会等。作为资深的佛教徒,他不单以财布施来回馈社会,更以法布施来普度众生,经常撰写文章和演讲,其著作有《创业·守业·人生》等。

潘宗光教授：钊哥，在我的朋友当中，你是数一数二的佛教护法，贡献了很多精神、时间和金钱在佛教事业上，你是怎样看待宗教和事业的关系呢？

杨钊博士：在香港，大多数人对成功的定义是：事业成功等于人生成功，有钱、有权力就等于成功。可是，我个人的体验告诉我事实并非如此简单。在七十年代，廿六岁时，我已赚到五六百万港元（相当于今天过亿元）的身家，那是一辈子也花不完的金钱，白手兴家的我理应对自己的成就很感满足。但我并不是这样想的，反而开始疑问：到底人生的目标、意义和价值在哪里？ 生命和宇宙的来源又是怎样的？

对于这些问题，我几乎逢人就问，有些朋友答不了，就干脆叫我到宗教中寻求，我因此而接触过多种宗教，都未能圆满回答这些问题。直至看到冯达庵居士所赠的一本《佛法要论》，这些问题的答案都在那本书中找到了，并为我打开了浩瀚的佛法之门，启动了我除物质以外的丰盛人生旅程。

那等于找到了接通电脑的插头，而电脑里早已安装好所有不同功能的软件（经典），我的生活顿然由平面转为立体。对世事人情各方面都不只有单向的看法，而是有多角度的看法,使我更客观而准确。佛法智慧如阳光无孔不入,即如《心经》所说的菩萨智慧,能"照"见五蕴皆空,是三百六十度全方位的全面智慧。

潘:在以名利为重的香港社会,很多人在赚到了第一桶金后,必定想尽办法多赚几桶,继而追求名誉、地位,很少人像你这般思索精神上的问题,你的取向是个突破性的、脱胎换骨式的发展,你怎样继续你的心灵旅程呢?

杨:我不单是在佛法中找到人生的答案,并且找到了问题所在,为何人们有很多钱仍不快乐?原来世间一切可分为两类:有形的物质与无形的精神。快乐和痛苦亦可分作这两类,当时我的成就在物质生活上满分,精神生活却是零分,那就是问题所在。即使再多赚钱,也不能给我更多一点的快乐,就如请一个已饱的人吃饭,珍馐百味都无福消受,甚至是挨苦了。从简单的一餐饭中,也可体味到佛教的中道,太饿或太饱都是不适宜的;只有物质而没有精神的生活,也是痛苦的。生命中除事业外,还有健康、家人等都是令人快乐的元素,缺一不可。

潘:宗教的浸润,会不会对你的事业带来原则性的改变呢?

杨:会的。我人生价值观的改变,跟佛教很有关系。接触佛教之后,我更加能确立自己的定位和原则,如我确定了做生意的三大条件:一、损人不利己的事不做,因为佛教让我知道世事有因果循环。二、损人利己的生意交易,即使合法我也绝不会做,因我知道虽然为此我会得到物质财富,却会失去无形的精神财富。三、无论待人接物或做生意,我坚持只做利人利己的双赢局面。"因果"令我看问题,不看片面而看全面;令我做事,不单看现在还看将来。

潘:这三个条件完全符合佛教的原则,只要不做任何损人的事,就会减少恶的业因,如"十二因缘"所指出,这亦会减少事业发展的障碍。但在竞争激烈的商界中,这样的原则为你的事业和人生带来什么样的影响呢?

杨:由于佛教给我宏观的做人原则和做事态度,不但令我找到人生意义,更因此出乎意外地赚到了更多金钱和增益了健康。然而我从佛教得到的最大财富并不是名利,而是心安。接触佛教之后,我不会怕死。对人,我无愧于心,对生死,我从佛教里知道无常。所以我时时刻刻把握时间,活在当下;随时都准备好,无悔今生。

潘:看来佛教带给你的财宝和法宝,都相当丰富,请你再具体讲述如何把佛法应用在生意上。

杨:我也认为个人要把学到的知识用于生活里,才是真的学会。另一本影响我行事的佛教经典是慧能大师的《六祖坛经》。此书生活化了佛法,非常具启发性。它反映出佛教的启发式教育如盲人解布袋,自开自解。这种训练使我在面对一些完全没有相关经验的问题时,能突破重围,故此对我的帮助很大,令我能在瞬息万变的商业战场上,把握时机作出明智的决定。

如在一九九八年的世界物价通缩下,备受牵连的中国内地市场亦相应进行减价战,很多同行都非常焦虑和彷徨。旭日集团在大陆的投资不少,我当时已学了一段日子佛,已懂得运用佛法思维考虑问题,所以当我面对问题时,第一步骤是看见因果。我不认为有夕阳行业,只有夕阳的管理。所以,我进一步想如何处理,才能更好更快。当时很多行家用开源政策,扩充不同品牌。但我们实行核心业务政策,把生产力较弱的部分删去,资源集中在单一品牌上,提供最佳产品来解决问题。这道理有如应付考试,以同样的时间精神,考一科还是考二十科的成绩会较好?结果又一次逢凶化吉,胜了一场漂亮大仗。每件事都视乎当时的因缘条件配合才能成就结果。佛教教我如实观察现实状况,并帮我有立体思维,也能引领我回到问题的根本,使我作出准确而有效率的决策方案。

潘:这是一个成功应用佛法的例子。要成功解决问题,一定要深入了解问题的成因,再因应当时的助缘条件来制订最有效的处理方法。以我所知,钊哥,你在做生意相当成功的时候,毅然抽身追随法师专心修道两年,这是个超乎想像的决定,难道你不担心那会为你的事业带来负面影响吗?可否分享一下个中来由?

杨:如我之前提到,就在我已满足我的事业成就之际,我开始接触佛教并皈依于圆行法师门下,恩师对我的教导良多,并喜邀我结伴云游参学。然而当时我的事业是劳工密集的行业,力不到便不为财,那常使我感到分身不暇。面对宗教与事业只能选其一的两难局面,急需要想一门能有同样生产力而又不用太花时间的生意。人急智生,于是我想出了一个两全其美的方法——投资地产。我把当时的资产分为两半,一半继续经营工业,另一半开拓地产。结果不但令我可以将更多的时间用在佛法的修习上,且令我的事业更上一层楼,本想赚少一点,反而赚多了一点,就如佛偈里的"退步原来是向前"。看来这些不是偶然的,而是我恩师见我俗务缠身不能修道,故此启发我的商机智慧。

又如当年,我投得长沙湾的一幅地,需在商业或住宅用途之间作决定。我犹豫不决,而请教于恩师。稳守应选住宅用途,利润则较低;攻则作商业用途,但有相当风险。我恩师二话不说,只一字:"攻!"结果所获得的成绩又是远超想像的丰富。从这件事例,我得到的不但是金钱上的回报,更体会到当一个人徘徊在人生的十字路口时,50 对 50 的情况,有另一个人给你一个肯定,那不是 1 分(51 对 49),而是 100 分,是 150 对 50 的情况。所以,我很感恩有这样的因缘,不然我也没有学佛习禅的机会。

潘:或有人以为那是好运气,因为如果当时你师父说"守",结果可能不一样,但不一样仅是不同,并非表示较差。我想他说"攻"而不说"守",是因为他了解你和环境,这是因缘和合的结果,而不是单凭运气。这些年来的耕耘,使你的事业蒸蒸日上,然而人生的道路总有崎岖不平,你可曾有一刻想过放弃?

杨：在工业方面，我确曾想过放弃。大多数的人都是以经济利益为原则来衡量一件事的存在价值。在事业最低潮的一段日子，身边的同事不支持把工业继续下去，只有我一人独力支撑。虽然我也曾想过放弃，但想到只要多支持一日，公司里的三万员工便多开一日工，而每个员工背后的家庭便多开一天饭，我便毅然地坚持下去。我做生意的出发点不单纯为赚钱，只是将心比心，想像以前我的父母也曾与现在的员工一样，一旦失业，整个家庭便没饭吃，辛劳一生也只为养儿育女。我不断转脑筋，寻找新方法，结果成功从工业转营贸易，再转为零售。虽然这个过程非常艰苦，但是旭日集团现于内地有八百间分销店，三万员工得以继续就业，他们的家庭得以温饱，我的心血总算没有白费。这给了我精神上的快乐，虽然钱财买不到快乐，但我们可以通过钱来帮助别人而得到快乐。

潘：你乐善好施、自利利他的精神已是口碑载道，然而钊哥会否依《普门品》中的菩萨"以何身得度，现何身而为说法"来为大家现身说法呢？

杨：有机会的时候，我很乐意为大家谈谈佛法，但是否真能度众，那就要各随其缘了。佛陀也有三不能：不能即灭定业、不能化度无缘、不能度尽众生界。然而,在企业管理上,我一向取菩萨精神的包容态度。曾经有一位员工坚持自己的决定,结果令公司亏损过千万,我也没有撤去他的职位。因为我认为撤去一名员工,等如切去一只手足,雇主与雇员双方都会受损。所以我宁愿给他们机会让他们自己去面对危机,只在适当时候,提醒他们要有着"只要白天赶路,不要黑夜行军"的谨慎,以免他们陷入黑坑,不能自拔。

潘:这是一个独特的管理方式,运用慈悲来维持员工的士气;一般采取的是赏罚分明的制度,有时甚至要杀一儆百。在不同的领导下就需要不同的方式来配合,真是各有千秋。你对现今的世界有何看法,从佛教的角度又如何解决这些问题?

杨:有史以来至今,人类战争不断,我对于近年世界大国所发动的战役感到非常遗憾。武力从来不能解决问题。其实,只要运用军事花费总值的四分之一以支援敌对的国家,化敌为友,不但双方国家都得到好处,连同周围及整个世界都和平吉祥,世上因此可省下四分之三的军费。

潘:对! 佛陀说非以怨止怨,军备竞赛只会增加怨恨,为世界的和平制造更多危机,这不是根治问题的方法。对于目前的工商业世界性趋势,从佛教的角度又有何看法?

杨:所以,佛教的因缘是宇宙间一切的存在定律,把这因果观念放在工商管理学上,其实就是现时流行的市场和顾客导向。我们并不能停留在"物有所值"的标准上,因为现在的顾客都要求"物超所值"。但这并没有与商人赚取利润的目标相抵,而是有所配合,因为唯有能满足顾客的需要,才有贸易的市场,才可多赚钱。能舍才能得,无论在什么情况下,只有乐于助人,才能得到良好的人际关系,也可以得到别人的帮助。

潘:那你将来会如何平衡个人的宗教和事业的发展呢?

杨:年青时代,我把 100％的时间投在我的事业发展上;现在,我把 70％的时间花在事业上,30％花在社会公益里;不久的将来,会把 30％放在个人事业上,70％的时间服务大众,回馈社会也是精神财富的投资。

潘:这是很好的福报。我个人也很希望多放些时间在

修行和弘扬佛法之上,可惜现时大学面对很多需要解决的问题,使人分身不暇。要一下子把现时的工作放下,又好像辜负了同事与同学的爱戴和支持。这常使我有佛法难闻的感慨,因为即使事业能有一点成就,但要提升佛学修为的时间却并不常有。希望在不久的将来,能有更充足的因缘条件来钻研佛法,与大众分享佛法的益处!

杨:我为大众所做的一切,相比于佛法给我的益处,简直不能相提并论。我反而非常感恩于有能力去帮助别人,更庆幸今生有这样的福德因缘听闻佛法,正是"粉骨碎身未是酬,一句了然超百亿",永嘉法师这句证道歌,一句道尽了我的心意。

潘:佛法的智慧和慈悲不独使你能赚上很多的钱,亦使你心有所安。能同时兼顾财富和精神的正确发展,这才是最理想的事业和人生。钊哥所著的《创业·守业·人生》概括了把佛法运用于事业上的经验,很值得年轻人借鉴。好一句"粉骨碎身未是酬,一句了然超百亿",对一般人而言是百亿次的轮回,对你而言,应是百亿元的布施吧!很多谢钊哥百忙中抽时间和我们谈话。

陈家宝医生

——面对现实　自然身心自在

　　陈家宝,妇产科专科医生,一九八三年毕业于香港大学医学系,亦是香港大学佛学会的创办人。自小受佛法熏陶,立志济世救人。现在是私人执业医生,并为香港普明佛学会会长,继续普度众生的使命。

　　潘宗光教授:家宝,我们很有缘。因为我十年前第一次接触佛法并使我产生很大的兴趣,就是听你讲佛法。我在基督教学校读书,亦接触过其他宗教,但总没有那么投入。佛陀称大医王,你是一名医生,又怎样与佛结缘呢?

陈家宝医生:我接触佛教是在中学一年班,吸引我的是佛教的平等观念和慈悲心。佛教不但对人,而且对所有动物一样慈悲,并认为人人都可成佛。这是平等和非常文明的观念,与近代科学的均衡理论(equilibrium)一样。我相信人人都会认同,只有平等,人与人之间才没有纷争,世界才会真正和平。因此我十多岁已皈依佛教。

由于我的宗教信仰,当我要选择人生目标和终生职业时,我会学习佛菩萨普度众生的精神,所以我选择了医科。一般人对苦的着眼点在于"身苦",然而佛菩萨是医人的"心苦",故此我在大学年代,除修读医科,也辗转修读过心理学和社会学,目的是要学习佛菩萨普度众生的精神。

潘:本着普度众生的菩萨精神,佛学对你和你的行医工作又起了什么作用和影响呢?

陈:其实在大学时期,我见到很多知识分子对佛教的认识很表面,以为敲经念佛就是佛教,对其根本精神全不知情。就算是我自己,很认同认知佛教的理念,但佛教的知识不只是在经典里,还需要通过时间的浸淫,藉人生的经历,才能体悟佛法的精粹,所以我当医生时,依然努力钻研佛学。至于我的工作与信仰的关系,我相信西方医学给了我医学上的知识,而佛学却启发了我面对生老病死的正确态度。

我从事医疗工作,常常接触到很多生老病死的问题。西方医学训练除了教导医生应有的专业知识和操守外,也教导我们懂得抽离,减低工作压力,稳定自己的情绪,以保持专业的判断。医生行医时,对病人应有移情(empathy),但不应感情用事(sympathy)。不过若时常抱着这样的态度,就会欠缺与病人在精神上的沟通,缺乏感同身受所带来的助人动力。然而以一个学佛者而言,这区分是不必要的。学佛的人明白生老病死是自然现象,可以坦然接受现实,情绪不会受到太大的困扰,同时能保持客观分析的冷静态度,所以不必刻意将工作和生活分开。如果把行医纯粹当为工作或生意,久而久之,医生就会对行医渐失热诚,对病人渐变得冷淡,忽略了行医的本义了。

潘:各行各业都有一定的职业操守、抱负与责任。从佛教的角度来看,什么是行医的本义呢?

陈：学佛者应时常发菩提心，不应有人我的分别心。你的问题就是我的问题，解决了你的痛苦，我才能得到快乐。如病人若不满意我的服务态度，我自己也会感到不开心。能感同身受，热诚才能持久。佛法的关键是教育人要面对现实，既然生老病死是自然现象，是世间有生命以来的现实，从没有人能逃离的大自然定律，那么医生也不能起死回生。医生不是活神仙，他的工作只是在生死的洪流中减低病苦的破坏力。明白这个道理，医者与病人双方都不会有精神压力，医者就能全力以赴，交心出来行医了。

潘：教育亦是如此。作为老师，我们既要传授课本知识；更重要的，是要帮助学生全面地成长，树立正确的人生观，使他们勇于承担应尽的责任。作为家长，他们亦要明白教育子女不能仅依赖学校，他们本身也有很大的责任，要和学校同心合力，方可令学生有全面的发展。我们转一转话题，近年世界出现一些很凌厉的疾病，如：禽流感和非典型肺炎，对社会带来很大的冲击，至今仍未有完善的解决办法。家宝，为什么会出现这些现象呢？

陈：禽流感和非典型肺炎不单是医学的问题，而且也是社会的问题，可以说两方面都处理得不太完善。以佛教的观念来看,医学若能结合社会科学和宗教,进一步关心病人,便可以处理得再好一些。

　　一般大众认为佛教的"离苦得乐",是去除痛苦后就会得到快乐。其实佛教"离苦得乐"的意思,是除了解决身体的苦,也需要关注心理上的苦,只有解决身心的苦,才能真正得到快乐。要注意的是这"乐"并不是指"五欲之乐",而是指"解脱之乐",是问题一旦解决后,心灵上如释重负的感受。这"乐"与"五欲之乐"的不同之处,就是不会引致"烦恼"。"离苦得乐"的另一意义是接受现实,接受病苦,与不能改变的现实共存(Living with the condition)。"离"不只是去除或消灭的意思。因为由生至死,病是又来又去的。所以学佛是学会与不完美的现实条件(例如病)共存。

　　多年来学习和体验佛法,我认为佛法可取之处在于它不只是宗教,不仅是哲学,还是医学,是疗"心"的医学。即无论你信仰哪一宗教,甚至反宗教,佛教所提供的多种生活方式和态度,都能令大众接受和得益。就我个人为例,佛教的智慧在于从生活中提供多种方法,让众生面对痛苦、接受痛苦、处理痛苦和放下痛苦,这才是真正做到了医学的原则。

　　潘:这样可以加强佛法的应用性,使佛法渗透至生活中。谈过原则性的分别,也请你谈谈处理方式上的差异。

陈:医学发展至今,已很企业化和系统化。在这以前,无论东西方的医学,现时与昔日的处理方法很不同。中医的"望、闻、问、切"是诊症的基本程序,于旧日村庄式的生活,医师与病人的关系很密切,在"问"一环,医师会了解病人的生活和心理状况,如安抚病人,要与家人互相体谅,多吃药便可下火,身体便可以日渐康复。由此例来看,中医不单是医生的角色,还担任了心理辅导的任务。在西方,医学源于宗教,神父是信众倾诉的对象,解决各种问题的源头。所以神父对信众的性格、家庭和生活情况了如指掌,以解决心苦;进而发展到由神父学医学,以解决民众的身苦。

在今天的医学中,医生是一门职业,为求高效率而商业化、企业化,有案例可以在三小时内医治八十个病症,所以,医生与病人的关系很疏离,而诊断也在缺少环境和心理因素的情况下难以作出全面的判断。

潘:对于现行的医学制度,从佛教的角度来看,你认为出了什么问题? 有什么地方可以改善?

陈:现今的医疗系统出现问题,是由于太企业化,医疗服务变成了商品,以至与医疗服务的宗旨出现距离和成效的问题。主要原因是西方医学的管理方法以成本效益为原则,在设备和人手上节流,不但增加医疗人员的工作量和压力(如医生往往连续工作三十小时),在短时间内应诊多名病人。行医落入形式化和机械化,忽略了素质。如一病人步入诊所,现有制度会产生头痛医头、脚痛医脚的现象,以最短时间结束诊治。这样的诊断并不彻底,同一病人不久又要回来再诊。其实医疗系统的经济效益,是不能纯以金钱来衡量的。

佛教的因缘观,能更深远地看到事情的连贯性。如病人没医好,病人背后的家人也受牵连,他们会心情不好而导致工作表现日差,同事亦受到影响,甚至影响公司的发展及影响整个社会经济的发展。社会经济不景气,唯有收缩成本,加长工作时间兼且提高效率,结果制造更多病人。

相反,若实践佛教的菩提心,医生会将心比己,以医好病人的问题才感到快乐,病人亦了解到自助、助人的道理,这种"自利、利他"的模式,从管理学而言,也是比较实际的。宁可多花点时间和金钱把病人彻底医好,也就是医好了病人背后的家人,病人不需家人照顾,又没有心理负担,大家都恢复生产力,才能回馈社会,推动经济。

潘：菩提心是佛教的崇高理想。家宝所说的情况反映了目前存在着的问题，病人得不到医生足够的照顾而不能彻底康复，这加重了医疗负荷的恶性循环。如果前线的医生因过劳而造成医疗意外的话，那更是得不偿失。但无可置疑，成本效益是量度企业成绩的一个重要指标，如何才可以从成本效益和病人健康中得出平衡呢？

陈：由于企业着重成本效益管理，形成医疗制度发生偏差，产生了其他的副作用，如医疗保险制度、赔偿制度，甚至流行于外国的合约制医疗等。以上制度的产生都是为了解决企业化医疗制度管理下出现的问题。医生与病人之间，是否真的用钱便能解决问题呢？近年在已发展的国家中，医疗赔偿已成为医疗系统的重大负担，甚至有可能拖垮整个医疗制度，主要原因是金钱并不是最有效的疗药，不能真正抚平病人和家属的创伤。我相信医生和病人关系的发展若能引用佛教菩提心的观念，实践"自助、助人，自利、利他"的精神，大家重新检讨自己的角色和责任，这问题是有机会解决的。

病主要分两大类：一是可治的；二是不治的。医疗的目标是对可治的病例，以尽量减低病人因病失去工作能力和效率为目的。对不治的病例，应以减低病人对社会的要求,甚至尽量引发他对社会的贡献力为目的。这才是令医疗制度发挥效益的正确方向。

潘:是的!应该对有不治之症的病人给予合适的治疗和辅导,减轻临终前的痛苦,改善人生最后阶段的素质,令他们生活得更有意义,反过来也可以减轻社会的负担。对他人慈悲也就是对自己的帮忙,然而,要做到这点却并不容易。

陈:那视乎病人本身的身体状况和心理条件有不同。近年西方医学也开始察觉到这一点的重要,意识到必须弥补制度下的隙缝,所以在医学中加入了心理学和社会学。可惜,这措施在近二十年仍在发展中,加上学派意见分歧,令协调方面也成问题。相反,佛陀早在二千多年前已知道现实就是如此,而教育我们处理身心的问题。"离苦得乐"不等于学佛后从此万事如意、无病无痛、长命百岁。这些要求并不合理,但问题是,人类不接受现实,更不懂得自己去处理。所以佛陀教晓我们正视现实,并提供了方法去处理问题,如通过禅修、"八正道"、"六波罗蜜多"等。这些是完整的方法,不但可用于医疗系统,甚至可用于改善个人的生活,继而增加对社会的生产力,使社会进步,这就是佛教对个人和社会的管理态度。

潘：佛法可以溶入各行各业中，正如家宝将它溶入医疗行业中，我们可以在不同行业中以同事的交往来传达佛教讯息，使更多人能接触佛法的好处，在自己的工作岗位上发挥"同事摄"的作用。这样，在公司的发展上会得到很好的效果。多谢家宝为我们作了这样详细的讲解，使我们明白无论从制度上、个人上，都可以运用佛法来帮助自己和他人来解决问题。

结 语

　　本书是以我个人经验跟大家分享佛法在管理上的运用。从管理的角度来说,每一个企业和另一个企业的处理方式总会有些不相同的地方,这需要读者融会贯通来领略它们的相同之处。从佛法上来说,《心经》指导我们超越所有烦恼,达到究竟的解脱自在,而我所讲解的仅是集中于现实生活的一般应用,那当然并不能充分表达《心经》的全部意境,特别是有关高层次的解脱部分,那是本书所没有触及的。佛教的最终理想是要从生死轮回中解脱出来,那固然并非我们可以一下子做到,但只要我们对佛法开始产生兴趣,再逐步应用佛法来改善现实生活,心灵和事业都能兼顾,并进一步管理好,那么将来大家一定能更上层楼,达至佛教的最终理想,这就是我撰写本书的目的。

附录：本书佛学名词浅释

【二画】

人　　　 "六道"之一，即世间人类，虽无天之好福报，有
　　　　 苦有乐，却可借此机缘修行致觉悟以超脱轮回。

八正道　 正见、正思、正语、正业、正命、正精进、正念、正
　　　　 定，是修行者所积极实践的八正道。小乘人修
　　　　 习八正道，最终可了脱生死，证得阿罗汉果位。

十二处　 "六根"加"六境"（或"六尘"）合称为"十二处"，
　　　　 也就是感觉的来源。即：眼处、耳处、鼻处、舌
　　　　 处、身处、意处、色处、声处、香处、味处、触处、
　　　　 法处。处为区域之意，即六根和六境的接触。

十八界　 "十二处"与其所产生的"六识"（详见"六识"）
　　　　 合称为"十八界"。即：眼界、耳界、鼻界、舌界、
　　　　 身界、意界、色界、声界、香界、味界、触界、法
　　　　 界、眼识界、耳识界、鼻识界、舌识界、身识界、
　　　　 意识界。界解作元素，故十八界即是指感觉。

十二因缘　　以因缘所生法来阐释人生的发展历程,分成十

二个阶段,以序列表示:

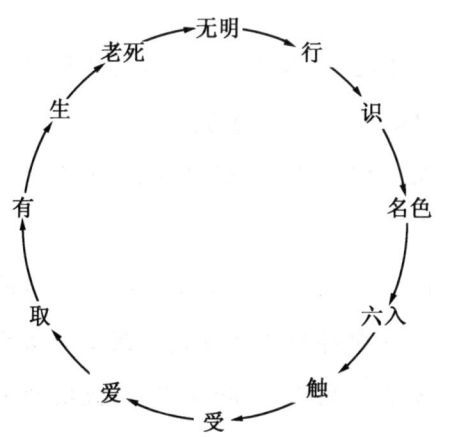

【三画】

三世　　　　过去、现在、未来,意指流逝中的时间。

三藏　　　　佛教经、律、论的总称,意思就是经文、戒律、义

理解释的储存。 唐朝玄奘法师精通此三者故

被称为唐三藏法师。

小乘　　　　原意是小的船载,在佛经中通常指声闻、缘觉,

即那些独自修行,缺少度他精神的人。

大乘　　　　原意是大的船载,佛教稍后发展,相对于小乘

的派别名称,主旨在于积极发扬自度、度他的

菩萨道精神——智慧与慈悲并重。

三善道　　天、人、阿修罗。

三恶道　　畜生、饿鬼、地狱。

【四画】

天　　　　六道之一,居于天界者,纯享福报,却缺少修行
　　　　　以超脱轮回之动力。

无　　　　在《心经》中,"无"不是没有的意思,而是指没
　　　　　有独立的存在性。

五蕴　　　色、受、想、行、识,组成我们身心的五种要素,
　　　　　亦可理解为整个自我。蕴是积集之意,由于此
　　　　　五者互相蕴含、相互影响,故统称五蕴。

中道　　　佛教一个重要教理。指不偏执苦行或欲乐的
　　　　　两边。本书在义理上将之理解为不偏执正、反
　　　　　两边而能合一。

世尊　　　为佛的十个名号之一,也是佛教对本师释迦牟
　　　　　尼佛常用的尊称。

六度　　　即六波罗蜜多:布施、持戒、忍辱、精进、禅定、
　　　　　般若,大乘佛教指导众生借此六种修行方法而
　　　　　到彼岸。"度"与"渡"通,即到彼岸之意。

六根　　　六个与外界接触的感觉器官:眼、耳、鼻、舌、身、意。

六尘　　　与"六境"同,即相对于六根的外界对象,依次
　　　　　为:色、声、香、味、触、法。

六境　　　与"六尘"同,见上。

六识　　　眼识、耳识、鼻识、舌识、身识、意识,由六根、六境交接而产生的认识了别功能。

六道轮回　天、人、阿修罗、畜生、饿鬼、地狱。当众生死后,视乎所作的业的善恶倾向而投胎到六个不同的境地,善的投入三善道(前三者),恶的投入三恶道(后三者),不断重复流转,非经修行证悟则无有出期。

六波罗蜜　与"六波罗蜜多"及"六度"同,见上页。

《六祖坛经》　中国佛教的重要经典,记载六祖大师惠能的传记。

【五画】

业　　　　行为造作,有善亦有恶,按其所得结果有好亦有坏。

布施　　　把东西赠予有需要的人,可分为:金钱物质(财施)、精神上的支持和鼓励(无畏施)、法义启迪(法施)。

四念住　　"念住",意思是正念的基础,即对身、受、心、法四者的直接观察以洞察实相。

四圣谛　　苦、集、灭、道。苦圣谛:人生八苦。集圣谛:十二因缘流转。灭圣谛:十二因缘还灭。道圣谛:八正道。从生活应用角度,这里解读四圣谛为:面对,认识,超越,处理。

【六画】

名　　　不可见的心理活动,包括:受、想、行、识。

色　　　占有空间的意思,广义是指可见的物质,狭义是指身体。

行　　　有为的作意,即意志。

执著　　烦恼的成因,浅解为对事物的理解停留在过往的认识或固有的价值之下,造成思想的缠缚。

地狱　　"六道"之一,长受酷刑之苦,缺乏修行的机缘。

如实知　客观地认识事物的本来面目,而不被感受影响。要能做到:看只是看,听只是听,嗅只是嗅,尝只是尝,触只是触,起念只是觉知。

因缘所生法　为佛教核心教理,是指对世间一切事物有透彻领悟。简言之,任何事物一定有其主因,加上适当的助缘(辅助条件)才会形成。基于此因缘果,任何事物既不能独立自存,亦不会恒久不变。

【七画】

佛　　　圆满的觉悟者,既能自觉,亦能觉他。历史上称为佛者即指释迦牟尼。

识	了别认识的心理功能,亦能统摄受、想、行三者的活动。
忍辱	又称安忍,面对顺境或逆境时均能安住不动。
声闻	亲自听闻佛在世间的教诲而修行至觉悟者。

【八画】

法	原意是轨持,即规律,广义指一切现象,狭义指义理(佛法)及概念(作为抽象的认知对象,法尘)。
空	指事物没有独立的存在,亦不会恒久不变。表面现象呈现两边对立,其实是互动依存。
受	即感受,概分为:苦受、乐受、不苦不乐受(舍受)三类。
咒	又称真言,陀罗尼是秘密语之意,指能总持不可思议效应的语言。
空空	既不执事物为实有,亦不执著"没有实有"为一个不变概念。即是连"空"的概念也要空掉。
舍利子	又译作舍利弗,佛陀十大弟子中智慧第一。
阿修罗	"六道"之一,有天道福报而无品德,憎恨心重而好勇斗狠,不思修行。
波罗蜜多	梵文音译,意为到彼岸。
阿耨多罗三藐三菩提	梵文音译,意思是无上正等正觉。

【九画】

持戒　　遵行佛陀制定的规矩以保持行为（身）、语言（口）、思想（意）的清净。

【十画】

涅槃　　梵文音译，原意是清凉、欲望的止息，也就是已超脱轮回的大自在、大解脱的境界。

般若　　梵文音译，普通话读作"bō rě"，可解为能认识事物本质的高层面智慧。

畜生　　"六道"之一，以受愚痴、奴役之苦，缺乏接触佛法修行的机缘。

饿鬼　　"六道"之一，经常抵受极度饥渴之苦，亦可理解为悭贪、不断苛索仍无有饱足，不思修行。

【十二画】

菩萨　　"菩提萨埵"的简称。菩提是觉悟，萨埵是有情众生，意译为觉有情。也可泛指那些诚心修持佛法，同时亦全心全意普度众生的修行者，无论是出家人或在家居士都通称菩萨。

禅宗　　中国佛教的一个重要流派，其宗旨是："教外别传，不立文字，直指人心，见性成佛。"

禅定　　又名静虑，俗称打坐，即通过心念的高度集中以觉悟真理。

【十三画】

想　　　对外界信息的取象,记忆,思维及想像。

慈悲　　慈即给予众生快乐,悲即拔除众生的痛苦。

缘觉　　又名独觉,即独自觉悟缘起法者,与佛陀不同
　　　　之处在于不善说法度他。

【十四画】

精进　　努力不懈,使善法增长,恶法消退,从而迈向解
　　　　脱之道。

《肇论》　姚秦时长安人僧肇所著,被誉为"秦人解空第
　　　　一"。论中有:《物不迁论》、《不真空论》、《般若
　　　　无知论》、《涅槃无名论》。

作者简介

　　潘宗光教授毕业于香港大学,获伦敦大学博士(Ph. D)及高级科学博士(D. Sc.),曾在加州理工学院、南加州大学及多伦多大学从事博士后研究。

　　投身教育 40 载,在 2009 年 1 月荣休以前,担任香港理工学院及香港理工大学校长长达 18 年。在 1994 年带领学院晋升为香港理工大学。亦曾为香港大学化学系讲座教授兼理学院院长。

　　从事化学研究,于 1985 年及 1991 年两度获瑞典皇家科学院邀请,提名诺贝尔化学奖候选人。

　　2005 年创办精进慈善基金,多年来资助超过 2000 名有经济困难的内地年轻人完成本科课程,并帮助他们在人格品德方面的成长。

屡获殊荣包括香港十大杰出青年、太平绅士(JP)、官佐勋章(OBE)、金紫荆星章(GBS)、2009 年杰出领袖(教育)等。

曾获委任为两届香港立法局议员(1985—1991)及三届全国政协委员(1998—2013)。

虔诚佛教徒。退休后全力从事个人修行、慈善事业及弘扬佛法。著作有《心经与生活智慧》、《心经与现代管理》、《感恩这一课》、《佛教与科学》、《我认识的佛教(增编版)》等。

图书在版编目（CIP）数据

心经与现代管理/潘宗光著. —上海：复旦大学出版社，2005.1（2022.12 重印）
ISBN 978-7-309-04324-2

Ⅰ. 心…　Ⅱ. 潘…　Ⅲ. 佛经-应用-管理学　Ⅳ. C93

中国版本图书馆 CIP 数据核字（2004）第 140018 号

心经与现代管理
潘宗光　著
责任编辑/陈士强

复旦大学出版社有限公司出版发行
上海市国权路 579 号　邮编：200433
网址：fupnet@ fudanpress. com　http://www. fudanpress. com
门市零售：86-21-65102580　　团体订购：86-21-65104505
出版部电话：86-21-65642845
上海四维数字图文有限公司

开本 787×960　1/16　印张 10.75　字数 92 千
2005 年 1 月第 1 版
2022 年 12 月第 1 版第 12 次印刷
印数 38 351—39 950

ISBN 978-7-309-04324-2/B·229
定价：48.00 元